KB063131

말하는 대로
글이 되는
우리 아이
첫 글쓰기

초등 저학년 글쓰기가 가벼워집니다

말하는 대로
글이 되는
우리 아이
첫 글쓰기

나명희 씀

양철북

아이들은 글쓰기도
책 읽기도 좋아합니다

아이들은 쓰고 싶은 이야기만 있으면 즐겁게 글을 씁니다. 그리고 이미 제 안에 많은 이야깃거리를 가지고 있습니다. 한 주동안 지낸 이야기나 또래 친구들의 보기글을 함께 나누다 보면 아이들은 반짝이며 자기 이야기들을 풀어놓습니다. 그럼 그이야기를 어떻게 쓸지 부담스럽지 않게 살짝 알려 주고 쓰게하면 아이들은 뚝딱 글을 써냅니다. 하고 싶은 이야기를 재밌게 써 보는 경험은 뜻깊습니다. 글쓰기에 마음의 문을 열게 하니까요.

글쓰기는 글 쓰는 방법을 가르치는 일보다 '아이가 하고 싶은 이야기'를 쏟아 놓을 수 있게 멍석을 깔아 주는 일이 먼저입니다. 그런데 이 과정을 소홀히 하고 글을 쓰라고 밀어붙이거나 방법으로만 다가가면 아이는 재미없고, 지켜보는 어른은 힘이 듭니다.

한 편의 좋은 보기글은 아이들에게 가장 훌륭한 선생이 되어 줍니다. 또래의 진솔한 글은 쓰고 싶은 이야기가 나오게 하고 어떻게 써야 할지 몸으로 알아채게 하니까요. 글쓰기 공책을 한 권 마련하고 이 책에 실린 보기글들을 함께 읽어 나가 보세요. 보기글만 읽어 주어도 아이들은 비슷한 경험이 떠올라 이야기들을 쏟아 냅니다. 그 이야기를 잘 들어 주고 "지금 말한 그걸 글로 쓰자"고 하면 어렵지 않게 글을 씁니다. 한 편 한 편 써 가다 보면 글쓰기가 만만하게 느껴지고 '글쓰기 쉽네, 별거 아니네' 하는 자신감도 생겨 신나게 쓸 것입니다.

아이들은 하고 싶은 이야기를 마음껏 쓰는 것만으로도 글쓰기에 마음의 문을 척 엽니다. 싱싱하게 살아납니다. 아이가 가지고 있는 생기, 아이다움을 마음껏 펼칠 수 있게 도와주세요. 자기의 이야기가 생생하게 글로 펼쳐지는 기쁨을 누리다 보면 글 쓰는 힘과 함께 글 쓰는 즐거움도 커지게 될 것입니다.

아이들은 책도 아주 좋아합니다. 저학년 친구들에게는 책이 아주 재미있다는 걸 알게 하는 게 중요한데 가장 좋은 방법은 아이가 재미있어하는 책을 꾸준히 읽어 주는 거예요. 이때 부모님도 함께 즐기며 읽어 준다면 효과는 배가 됩니다. 재미있는 책을 읽어 주고 권해 주면 책을 싫어하는 아이는 거의 없습니다. 한 권 한 권 재밌게 읽다 보면 어느새 책을 좋아하는 아이가 되어 있을 거예요. '책을 많이 읽어야 하는데' 하는 어른의 걱정과 압박은 아이들이 책과 멀어지게 할 뿐입니다. '독후감 쓰기를 해야 하지 않을까, 책의 내용을 이해는 한 거야' 하는 걱정은 내려놓고 먼저 아이가 읽고 싶어 하는 책을 부담스러워하지 않을 만큼 꾸준히 읽어 주세요.

읽기와 쓰기의 중요성을 모르는 부모님은 없습니다. 그래서 아이들이 학교에 들어가기 전부터 많은 분이 '내 아이가 책도 즐겨 읽고, 글도 잘 쓸 수 있는 방법이 어디 없나' 찾으시지요. 저는 1995년부터 아이들과 글쓰기와 책 읽기 수업을 해 왔습니다. 긴 시간 동안 한눈팔지 않고 이 일을 해 올 수 있었던 것은 제가 행복했고, 무엇보다 아이들이 저와 하는 수업을 좋아해 줬기 때문입니다. 아이들은 글쓰기도 좋아하고, 책 읽기도 재밌어합니다. 지금까지 제가 아이들과 어떻게 글을 쓰고, 책을 읽고 있는지 아이들이 쓴 글과 구체적인 수업 이야기를 통해 부모님들의 걱정을 덜어 드리고 싶습니다.

아이들과 함께해 온 이 일은 제 삶의 전부나 다름없습니다. 그

것을 함께한 친구들이 채워 주었습니다. 그동안 함께해 준 친구들에게 고마운 마음을 전합니다. 또한 한국글쓰기교육연구회의 선생님들을 만나지 않았더라면 아이들과 행복한 글쓰기로 나아가는 이 길을 알지 못했을 것입니다. 제 글쓰기의 뿌리와 줄기는 모두 그곳에서 받아 온 것들입니다. 고맙습니다.

2020년 11월
그래 교실에서
나명희

차
례

1장

글쓰기 엄두가 안 나요, 어떻게 해야죠?

쉽고 재밌게
시작하기

글쓰기는 누구에게나 부담스런 일입니다. 아이들도 마찬가지
지요. 글자를 막 익힌 어린 친구들이라면 더욱 그렇습니다. 글
자 쓰기도 부담스러운데 글을 쓰는 일은 절대 쉬운 일이 아니
지요. 거기다가 글씨도 예쁘게 써야 하고, 내용도 어른의 기대
치에 맞게 쓰기를 바란다면 글쓰기를 좋아할 아이는 거의 없
을 것입니다. 아이들이 글쓰기를 싫어하지 않게 하려면 아이들
마음자리에서 출발해야 합니다.

저는 글쓰기 첫 시간에 아이들이 가지고 있는 글쓰기에 대한
막막한 부담감부터 덜어 주려고 합니다. 누구나 다 만만하고,
할 말이 있고, 하하 호호 즐거워할 이야기들부터 풀어놓습니
다. 그게 바로 '코딱지나 방귀, 똥' 같은 이야기입니다. 처음엔
이런 걸 글로 써도 되나 싶어 하지요. 그런데 친구들이 거침없
이 쓴 글들을 읽으며 이야기 나누다 보면 모두 마음의 빗장이

풀리면서 얼굴이 환해지고 이야기들을 쏟아 냅니다.

다음으로 아이들이 할 얘기도 많고 이야기 나누는 것만으로도 흐뭇해하는 것이 강아지, 고양이, 물고기, 새, 꽃 같은 작은 생명에 관한 이야기입니다. 누가 들어 주지 않아서 못 풀어놓았던 이야기들을 마당을 펼쳐 주고 재미나게 들어 주면 신이 나서 이야기합니다.

또, 말실수한 이야기나 관용구를 잘 이해하지 못해 엉뚱하게 알아들었던, 떠올려 보면 재미있을 이야기들도 아이들 마음을 풀어내기에 좋습니다. 덧붙여 지금까지 우리가 나눈 이야기뿐만 아니라 시시한 이야기들이 모두 다 좋은 글감이라고 말해 줍니다. 모두 쓸 이야기가 넘치기 때문에 술술 써내려 갑니다. 글에 대한 부담은 떨쳐 내고 숨어 있던 자기 안의 생기들을 찾는 시간입니다.

즐거운 글쓰기로 가는 몸 풀기, 마음 풀기 시간은 아이들에게도 필요하지만 아이와 마주 앉은 어른에게도 무척 소중한 시간입니다. 아이들 마음이 피어나는 순간을 만나는 일, 그런 경험은 아이들 세계가 얼마나 빛나는지를 새삼 알게 합니다. 글쓰기 시간은 내가 아이들에게 무엇을 얼마나 잘 가르치느냐의 문제가 아니라 내가 아이들 세계에 얼마나 다가갈 수 있는가의 문제라는 것을 깨닫게 되는 순간입니다. 글쓰기의 부담을 떨쳐 버리고 나면 누구나 글쓰기가 가뿐해집니다.

1. 코딱지 이야기

코딱지 이정헌 1학년

"엄마, 코에서 나오는 게 딱지야?"

"어."

"코에서 나오는 게 딱지냐니까?"

"그렇다니깐, 그게 코딱지잖아."

정말 코에서 진짜 딱지가 나왔으면 좋겠다.

(6. 1. 금요일. 무지 더웠음. 땀이 뻘뻘 났다.)

▶ 하하하, 코딱지도 딱지 맞지요? 우리는 도저히 생각해 내지
못할 코에서 나오는 딱지입니다.

코딱지 판 날 이서진 1학년

나는 '그래'에 오려고 택시를 탔다. 택시에서 코딱지를 팠
다. 계속 계속 팠다. 택시 밑에 엄마 몰래 코딱지를 버렸
다. 이제 다 왔다. 그런데 엄마가 길을 못 찾았다. 이제 겨
우 찾았다. (11. 9. 낙엽이 푹신한 날)

▶ 글쓰기 공부하러 처음 오는 길이니까 '그래'는 어떤 곳일까

조금은 궁금하기도 하고, 조금은 긴장도 되었을 거예요. 그런데 오는 길에 택시에서 코딱지 팠던 이야기를 쓰고 나니까 마음이 탁 풀어져서 할 얘기도 너무 많고 글 쓰는 것도 만만해져서 쓸 이야기들이 막 떠올랐답니다.

코딱지 처리하는 방법 이여진 1학년

1. 학교 가서 친구들 사물함 앞에서 사물함을 만지는 척하면서 코딱지 묻은 손가락을 대고 뛰어다닌다.
2. 책상 밑에 손을 넣어서 비빈다.
3. 친구들 책상에도 할 수 있다. 하지만 친구들이 이르면 그린 스티커(착한 일 하면 받는)가 내려간다.

안전한 방법

1. 가구 뒤에 숨기고 잘 문질러서 납작하게 만들어서 다시 가구를 밀면 된다.

들키면 위험한 방법

1. 택시 의자 밑에 숨기기
2. 엄마가 옷을 만드는 천에 코딱지 묻히기
3. 책에서 나오는 사람의 코에 묻히기 (2.14)

▶ 코딱지를 처리하는 방법이 참 많지요? 윽, 소리가 절로 나오지민 사실 우리도 이렇게 해 본 경험이 있잖아요. '책에 나오는 사람의 코에 묻히기' 이건 생각도 못 해 본 거네요. 기발합니다. 아이들이 감춰 두고 있는 코딱지 처리 방법들도 알아보면 재미있을 거예요.

2. 방귀, 똥 이야기

'그래' 처음 온 날 최수혁 1학년

빨리 가자. 오늘은 새로운 선생님 만나는 날이잖아.

집에 들렀다. 똥이 슬슬 마려웠다. 4개나 쌌다.

(8. 10. 불이 나를 때리는 것 같았다.)

▶ 글쓰기 수업 처음 온 날, 코딱지 판 일도, 방귀 뀐 일도, 똥 싼 이야기도 다 쓸 수 있다고 말하며 보기글들을 몇 편 읽어 주었더니 자기도 오기 전에 똥을 4개나 싸고 왔다면서 첫 글로 이 글을 썼습니다. 이렇게 시원하게 글을 쓰고 나니 마음도 가벼워져서 다음 글쓰기 시간도 손꼽아 기다렸대요.

방구 이서진 1학년

오늘 나는 학교에 갔다. 공부를 하고 있는데… 갑자기
뿡… 하고 소리가 들렸다. 내가 방구를 뀐 것이다.
"누가 방구 뀌었네."
친구가 말했다. 나는 창피해서 다른 친구라고 말했다.
(11. 16)

▶ 방귀 뀐 게 부끄러워 안 뀐 척, 또는 "누가 방귀 뀐 거야?"
이렇게 시침 뗀 적 있을 거예요. 시원하게 방귀를 뀌면 속
도 개운해지는데 우리 모두 시원하게 방귀 뿡뿡 뀌고 살아야
겠어요.

동생의 방귀 서진화 2학년

한참 전 어느 날 진기가 유치원에 가려고 신발을 신는 순
간, 진기의 엉덩이에서 "뿌지직" 소리가 났다. 엄마가 진
기 신발을 신겨주다가 그 소리를 듣고
"어머, 바지가 찢어졌니?"
하니까 진기가 얼굴이 빨개지면서
"이거는 바지가 찢어지는 소리가 아니라 방구야."
하면서 문을 열고 나갔다.
엄마와 나는 너무 웃겨서 크게 웃었다. (2. 18)

▶ 방귀라면 누구라도 한마디씩 할 이야기가 있습니다. 남들 몰래 방귀 뀌었던 이야기, 엄마 방귀, 아빠 방귀, 선생님 방귀, 강아지 방귀… 할 이야기들이 있는 아이들은 엉덩이가 들썩들썩합니다.

3. 내가 만났던 동물, 그리고 우리 집 동물 이야기

달팽이 소동 손서우 2학년

어제 엄마가 얘기했다.

"서우야, 달팽이 한 번 봐봐."

"왜요?"

달팽이를 보니 새끼달팽이가 있었다. 너무 귀여웠다. 새끼달팽이여서 투명하다. 상추 먹을 때가 귀엽다. 상추 있는 곳에 갈려고 안간힘을 써서, 상추를 먹을 때 톡톡 소리가 났다. 귀여워서 누구에게도 주기 싫다. 정이 들었기 때문이다. (8. 26. 글쓰기에 올 때 노을 지는 모습이 멋지다.)

달팽이 경주 최현오 2학년

여름에 형아랑 나랑 산책을 나왔는데 눈이 긴 달팽이 두 마리가 기어가고 있었다. 형아랑 나는 그 달팽이 두 마리를 납치해 가지고 집에 데려왔다.

내가 말했다.

"우리 달팽이 경주하자."

채집통에 넣어서 경주를 시켰다.

"1번 달팽이 가고 있습니다. 어, 2번 달팽이 추월합니다. 달리고 있어요. 달리고 있어요. 가고 있습니다. 달리고 있습니다. 1번 달팽이 달리고 있어요. 와아, 들어갔다, 들어갔다."

한편 2번 달팽이는 옆길로 샜다. 껍질 속으로 숨어버렸다. 못된 달팽이!

1번 달팽이는 형아 거고, 2번 달팽이는 내 거다. (9. 10)

▶ 비가 오는 날이면 달팽이를 집으로 가지고 오는 아이들이 많을 거예요. 통에 담아 두고 뭘 하나 들여다보고, 당근도 주고, 상추도 줍니다. 그리고 "당근 똥 쌌다, 상추 똥 쌌다" 기뻐하지요. 현오처럼 달팽이끼리 경주를 시키기도 할 것이고 더듬이를 살짝 만져 보기도 할 테고… 그런 이야기들 뭐든 쓸 수 있지요.

참개구리 조은찬 2학년

일요일에 아차산을 갔다. 윤지호를 기다리는 동안 메뚜기를 잡았다. 그러다가 지호가 와서 논에 갔다. 거기서 참개구리를 보았다.

"아빠, 나 저 참개구리 잡아줘."

"알았어."

아빠가 강아지풀을 들고 왔다.

"아빠, 왜 강아지풀이야?"

"아, 강아지풀을 갖다 대면 파리인 줄 알고 물거든."

나는 강아지풀로 잡는 법을 배웠다. 그사이에 개구리가 강아지풀을 물었다. 그런데 강아지풀이 커서 다른 데로 도망가 버렸다. (7.8. 첫 매미가 울었던 날)

말매미 조은찬 2학년

나는 매미껍질을 보고 나서 밖에 나올 때마다 두리번거렸다. 나는 꼭 매미가 잡고 싶었다. 그러던 바로 어제 아파트 단풍나무에 붙어 있는 말매미를 보았다. 나는 말매미에게 살금살금 다가가서 말매미를 잡았다.

"야호, 말매미를 잡았다."

매미를 잡은 뒤에 집에 데리고 와서 채집통에 넣었다. 그 다음 학원에 다녀와서 보니 매미가 뒤집어져 있어 얼른 날려줬다. 그랬더니 매미가 날아갔다.

이 매미가 말매미인 걸 알 수 있는 건 말매미는 크기가 크고, 갈색이고, 단풍나무를 좋아한다. 그리고 말매미를 쉽게 잡을 수 있는 이유는 단풍나무가 얇아서 아무리 단풍나무 색깔이어도 말매미가 앉아 있으면 둥글게 튀어나와 있어서 잘 보인다. 그런데 말매미 수컷을 잡으면 운이 없는 것이다. 왜냐하면 잡으면 시끄럽게 울기 때문이다.

(7. 15. 올해 매미를 처음으로 잡았다.)

▶ 은찬이는 곤충 박사입니다. 매미라고 하지 않고 참매미, 말매미, 애매미… 종류별로 정확히 말합니다. 곤충이나 동물, 식물을 좋아하는 아이들의 지식은 어른들의 생각을 훌쩍 뛰어넘습니다. 이런 이야기라면 흥이 나서 할 얘기도 넘치고 힘들지 않고 술술 쓰지요.

친구 병아리 김지광 2학년

얼마 전에 병아리를 샀는데 엄마가 병아리가 곧 죽을 거라고 해서 약을 먹였다. 그래서 내 병아리만 건강해서 쑥쑥 자랐다.

병아리는 내가 혼자 있어서 무서울 때 개네들을 볼 때마다 무서운 게 싹 사라진다.

그런데 병아리에게 단점이 하나 있다. 특히 암컷에게만 있다. 장벽을 뛰어넘어서 집 안으로 들어와서 똥을 싸고 들어간다는 것이다. 똥도 냄새는 안 나는데 똥을 1분에 몇십 개를 싼다. 그래서 똥 치우기가 힘들다. 똥은 얼마나 많이 싸는지 베란다가 똥 천지다. 첫날에는 책상에서 뛰어내릴 때 똥을 싸고 그냥 돌아다녔다.

그래도 나는 병아리가 내 옆에 있어줘서 그것만으로도 행복하다. (6.8)

▶ 학교 앞에서 파는 병아리들은 대체로 오래 살지 못한다고 하지요. 사실 그렇고요. 그런데 이 병아리는 지광이의 사랑 때문에 건강하게 쑥쑥 자랐나 봐요. 베란다가 똥 천지이고 집에다가 똥도 싸고 하지만 "병아리가 내 옆에 있어줘서 그것만으로도 행복하다"는 말에 찡해집니다.

삐삐 수술 황현서 1학년

우리 집 병아리 삐삐가 고무줄을 먹었다. 내 양팔보다 더 긴 고무줄이었다. 아침까지 먹었다. 삐삐 입에 고무줄이 있었다. 그래서 아빠한테 전화를 했는데 아빠가 살살 빼라고 해서 해봤는데 안 빠져서 아빠 동물 병원으로 데려갔다.

아빠가 삐삐 수술을 시켰는데 안 돼서 개복수술을 했다. 나사도 있었다. 개복수술 할 때 마취주사도 놨다. 아빠는 병아리 수술을 처음 해봐서 책을 많이 보고 했다. 삐삐가 조금 놀랬을 것 같다.

삐삐는 아빠 덕분에 건강하고 튼튼하게 잘 살고 있다. 아빠는 삐삐 덕분에 병아리 치료를 했다.

(10. 13. 운동장에서 체육을 하려는데 모래 폭풍이 불었다.)

▶ 병아리가 수술을 했다니요. 깜짝 놀랍지요? 삐삐는 아빠 덕분에 살아났고, 수의사 아빠도 삐삐 덕분에 병아리 수술도 해 보셨군요. 이 삐삐는 강아지처럼 엄마 뒤를 졸졸 따라다녔고, 현서랑 오빠가 학교에 가고 나면 엄마 옆에 앉아서 졸기도 했다는군요. 이 글을 읽어 주면 모두 깜짝 신기해합니다.

고양이 김민서 2학년

집에서 티비를 보고 있었다. 그런데 갑자기 "따르릉" 소리가 나서 달려가서 받아보았다. 목소리를 들어보니 언니였다.

언니가 "언니 지금 밑에 있는데 고양이 보러 올래?" 그래서 나는 얼른 대답했다.

"응. 지금 후딱 갈게."

"엄마, 나 밑에 언니랑 고양이 보고 오면 안 돼?"

"그래, 얼른 보고 일찍 들어와." 엄마가 말했다.

나는 엄마 말이 끝나자마자 스웨터를 걸치고 내려갔다.

"빨리도 내려왔네." 언니가 말했다.

언니는 꼭 고양이 주인처럼 고양이를 만져주고 있었다. 나는 언니에게 고양이가 순하냐, 안 순하냐를 물어보고 언니가 괜찮다고 해 떨리는 손으로 만져 보았다. 털이 꼭 솜같이 폭신하고 부드러웠다.

나는 계속 만지다가 언니에게 말했다.

"우리 애 데리고 가면 안 돼?" 그러자 언니가 말했다.

"나도 데려가고 싶은데 엄마가 허락할까?"

그런 말을 하자, 또 몇 분간의 침묵이 흘렀다. 마침내 언니가

"먼저, 일단 데리고 가보자."

"안 돼. 엄마가 다시 데리고 나가라고 하면 어떡해?"

"그래도, 데리고 가고 싶긴 하다."

"그럼, 내일도 있으면 그때 데리고 가자."

그 말을 들으니 또 데리고 가고 싶었다. 하지만 벌써 시간이 8시였다. 밥도 안 먹고 나왔는데 배에서 "꼬르륵" 소리가 났다.

그래서 언니와 마지막 결정을 내렸다.

"다음에도 있으면 꼭 데리고 가는 거다."

그래서 떨어지지 않는 발을 떼서 집으로 갔다. 집에 와서

도 고양이만 눈에 아른거렸다.

난 속으로 생각했다. '나중에 크면 꼭 고양이 키워야지~'

(10. 6. 햇볕이 반짝 바람이 솔솔거리네. 따뜻하다~)

▶ 어른들 가운데는 고양이를 미워하고 때리는 시늉을 해서 쫓아 버리기도 하지만 어린 친구들은 거의 다 길고양이들을 보면 쪼그리고 앉아서 "야옹아, 야옹아, 이리 와" 하면서 예뻐 해 주지요. 고양이들도 착하고 여린 사람을 알아보고 가까이 다가오기도 하고요. 길에서 만난 고양이, 내가 이름 불러 주었 던 고양이 이야기 다 쓸 수 있습니다.

강아지 키우고 싶어 장세현 3학년

오늘 5교시가 끝나고 선생님께서 날 부르셨다.

"어머니가 강아지 싫어하셔?"

나는

"아니요. 싫어하시지는 않고, 이웃에게 피해 준다고 아파 트에서는 안 된다고 하세요."

하고 말씀드렸다.

나는 그 생각만 하면서 집에 와서 엄마한테 말했다.

"있잖아, 오늘 선생님이 엄마가 강아지 싫어하시냐고 물 으셔서 그냥 이웃에게 피해를 줄까봐 걱정하신다고 했어." 엄마는 안 된다고 하셨다. 너무 슬퍼서 눈물이 났다.
(9.5)

꼬지 황현서 3학년

꼬지는 우리 강아지다. 꼬지는 내가 슬플 때 내 옆으로 와
서 기대기도 하고 내 품속으로 들어온다. 그러면 기분이
조금 좋아져서 꼬지를 만져준다.
'꼬지는 내 마음을 알까?'
나는 꼬지를 선택하기 잘한 것 같다. 꼬지는 내 마음을 잘
안다. (12.9)

▶ 아이들은 강아지든 고양이든 키우고 싶어 하지만 가정 형
편에 따라 기를 수 없는 집이 더 많지요. 절대로 "안 돼"라고 할
수밖에 없는 이야기까지 다 좋습니다.

아이들이 살아 있는 것들에 관심을 가지는 것은 칭찬받아야
할 마음이고 우리가 격려해 줘야 할 태도이지요. 아이들에게
그런 칭찬까지 해 주고 나면 아이들은 신이 납니다.

찹쌀궁합 손서우 2학년

오늘 밥을 먹고 엄마한테

"엄마, 돈까스하고 김치가 어우러져 찹쌀궁합이야."

그랬더니 엄마가

"찹쌀궁합? 찰떡궁합이겠지."

라고 말씀하셨다. 그래서 내가

"아, 맞다. 찰떡궁합이지."

라고 얘기했다.

재미있는 말이 담긴 하루다.

(10. 7. 학교를 갈 때 썰렁하고 추웠다.)

짭짤한 수입? 손서우 2학년

오늘 글쓰기 시간에 영어 가방에서 꽃무늬 필통을 꺼냈는
데 선생님이

"우와, 그 필통 예쁘다! 2학년 될 때 사준 건가?"

라고 말을 했다. 그래서 내가

"아니요, 외갓집에 굴러다녀서 가지고 왔어요."

라고 말을 했다.

"와우, 짭짤한 수입을 얻었네!"

나는 그 말을 듣고 웃다가

"혹시 짭짤한 맛?"

하고 말을 했더니 모두 깔깔 웃었다.

(3.11. 글쓰기 할 때 더워서 옷을 갈아입었다.)

이 고약한 녀석 강아라 1학년

오늘 밤에 책을 읽었다. 엄마가 독서기록장을 쓰라고 해서였다. 엄마가 말했다.

"너는 엄마가 말해야만 하니? 이 고약한 녀석."

"내가 냄새가 나?"

"아이쿠, 그게 아니라 너가 말 안 듣는다는 뜻이야."

나는 "하하" 웃었다. (10.15)

▶ 아이들이 엉뚱하게 해석하는 게 재미도 있고 참신하기도 합니다. 아이들은 속담이나 관용구들을 하나하나 알아 가는 걸 무척 즐거워하고 뿌듯해한답니다.

할머니의 실수 손서우 2학년

전에 할머니가 나를 부를 때 '서우야'를 '새우야'라고 얘기를 했다. 나는 그때 너무 웃겨서 "깔깔" 웃어 댔다.

그래서 다음부터 더 재미있는 말을 해줬으면 좋겠다.

(11. 25. 덥기도 하고 춥기도 했다.)

잘못한 말 김유진 3학년

"너 꿈이 뭐야?"

아빠가 물었다.

"공무원이요!"

"왜?"

"비행기 탈 수 있으니까요!"

"응?"

아빠의 눈이 휘둥그레졌다.

엄마는 "어떻게 타?"라고 물었다. 그러자 언니가 "야, 승무원이겠지. 저런 쯧! 쯧! 쯧!" 했다.

"아, 그래 맞아. 승무원이야. 맞아요, 아빠 승무원이 되고 싶어요."

재미있는 하루였다. (10. 13)

▶ 할머니들 발음은 아이들이 좀 알아듣기 힘들어하는 경우가 많지요. 그런가 하면 선생님이 생선님이 되기도 하고, 승무원이 공무원이 될 수도 있어요. 이렇게 신나게 웃었던 이야기들을 쓸 수 있습니다.

아이들이 즐겁게 자기 얘기를 풀어놓을 수 있는 보기글들로 몸과 마음을 풀고 지금까지 얘기한 것들이 다 좋은 글감이라고 말해 줍니다. 이렇게 시시한 어떤 이야기도 다 쓸 수 있다고 말하고 글을 씁니다. 첫날부터 쓸 얘기가 넘쳐 나고 어렵지 않게 글을 쓰고 나면 아이들은 무척 뿌듯해합니다. 한 편 뚝딱 쓰고 칭찬받고 나면, 또 쓸 게 있다고 더 쓰기도 합니다.

2장

늘 뭘 쓰냐고 물어요

작고 시시한 이야기부터, 글감 찾기

하루를 보내고 온 아이들을 만나 보면 할 이야기도 많고 쓸거리도 많은 아이가 있는가 하면 할 이야기도 쓸거리도 없다는 아이도 있습니다. 문제는 쓸 게 없다는 아이에게 글감 찾는 걸 도와주는 것이겠지요. 특별하거나 재미있었거나 자랑하고 싶은 이야기는 아이들이 알아서 쓰니까 늘 "작고 시시한 이야기들도 다 좋은 글감이야" 말해 줍니다. 1, 2학년 친구들에게는 "누구와 이야기 나눈 것은 다 좋은 글감이야" 말하기도 합니다. 작고 시시한 이야기라고 하면 좀 막연해할 수 있는데 누군가와 이야기 나눈 것이 글감이라고 하면 더 쉽게 쓸거리를 찾아 냅니다.

또, 아이들이 쉽게 쓸 수 있는 글감 중 하나가 방금 전에 있었던 일을 쓰는 것입니다. 그 일이 특별한 일이 아닌데도 쓰고 보면 재미도 있고, 쓰는 게 어렵지도 않아서 글쓰기에 대한 부담을 떨쳐 내기에도 좋습니다. 쓸 게 없다고 하면 방금 전에 있었던 일을 써 보자 하세요.

아침에 눈을 떠서부터 글쓰기 전까지 시간 단위로 무슨 일이 있었는지 이야기 나누며 찾아보는 것도 좋습니다. 이렇게 글감 찾기를 몇 번 같이 하고 나면 서서히 쓸 이야기를 스스로 찾을 수 있을 것입니다. 글감을 찾아 주는 일이 부모라면 훨씬 더 쉽겠지요. 아침에 일어나서부터 저녁 시간까지 있었던 일들, 아이가 학교에서 돌아와 쫑알쫑알 들려줬던 이야기, 아이와 함께 손잡고 걸어가며 본 것들, 귀 기울여 들은 것들 모두 좋은 글감입니다.

아이들이 신나게 놀았던 이야기도 좋은 글감입니다. 아이에게 놀이는 밥과 같습니다. 밥을 먹듯 노는 시간도 꼭 필요하지요. 놀이 시간은 아이들의 몸과 마음을 건강하게 합니다. 재밌게 논 이야기도 신나게 쓰게 해 주세요. 글쓰기도 즐거워지고, 재밌다 맞장구쳐 주는 어른들까지 좋아하게 될 거예요.

주말에는 식구들이나 친구네랑 재미있게 지내는 일이 많지요. 아이들이 가장 먼저 떠올릴 글감들입니다. 재밌게 지낸 이야기들도 좋습니다. 그런가 하면 무슨 이야기 끝에 옛날 이야기가 따라 나올 때도 많을 거예요. 떠오른 옛 이야기들도 얼마든지 쓸 수 있습니다.

미처 글감이라고 생각하지 못했던 일들을 막상 써 보니 재미있네 하는 경험을 한두 번 하다 보면 쓸 이야기들이 많아지면서 글쓰기가 가볍고 즐거워질 것입니다. "쓸 게 없어"라고 자주 말하는 아이가 있다면 아이의 이야기에 더 세심하게 귀를 기울여 보세요. 생활 속 크고 작은 이야기들을 글로 쓰다 보면 교실에서 일어나는 일들, 친구나 식구와 나누는 이야기들이 아이 삶 속에 쑤욱 들어옵니다. 아이 눈에 그동안 보이지 않던 게 보이고, 들리지 않던 소리가 들리는 걸 아이 글에서 볼 수 있을 것입니다.

오늘 아침 서건우 2학년

오늘 아침에 국어랑 가을 공부를 했다. 가을 날씨가 바뀌었다. 엄청 추워졌다. 그리고 '그래'에 왔다. 단풍잎 주황색을 봤다. 예뻤다. 선생님에게 단풍잎을 봤다고 얘기했다. 오랜만에 와서 그래 선생님이 반가웠다.

(10. 8. 잠바를 입었는데도 추움)

▶ 건우와 수업을 시작한 지 얼마 되지 않았습니다. 건우가 오면 오기 전에 뭘 했는지부터 물으며 이야기를 풀어 갑니다. 그리고 그 이야기들은 다 글감이 될 수 있습니다. 어렵지 않게 글감을 정해 하고 싶은 이야기를 한 편 한 편 쓰다 보면 글쓰기가 즐거워지지요.

그래, 그걸 쓰자 최수혁 1학년

"나 안 쓸래요."

"나, 오늘은 안 쓸래요. 나, 화났어요."

"으음, 오늘 화가 난 수혁이가 뭘 쓸 수 있을까?"

"아니에요. 아니에요. 진짜 안 써요."

"그래, 그걸 쓰자. '나, 오늘 안 쓸래요', 어때?"

나는 하하하 웃고 그걸 썼다. (2. 1. 내 마음에 태풍이 분 날)

▶ 수혁이와 글쓰기 수업 시작한 지 몇 달이 지났을 때입니다. 어떤 날은 씩씩하게 쓰다가도 어떤 날은 안 쓰겠다고 떼를 쓰기도 합니다. 그날은 이랬습니다.

그래 샘 : 수혁아, 오늘은 무슨 이야기 써 볼까?

수혁 : 나 안 쓸래요. 나 안 쓸래요.

(두 손을 막 내저으며 강력한 눈빛으로)

오늘 수학 학원에서 화났어요. 안 쓸 거예요.

그래 샘 : 화가 난 수혁이가 뭘 쓸 수 있을까?

수혁 : 진짜 안 써요. 나 화났어요.

그래 샘 : 음, 좋아. 그러면 오늘은 그걸 쓰자. '나 오늘 안 쓸래요' 지금 이렇게 말한 것. 수혁이가 말한 것 그대로 쓰는 거야, 어때?

쓰기 싫다고 하던 수혁이가 웃으면서 연필을 잡고 글을 쓰기 시작했습니다.

엄마 반바지 유시안 2학년

오늘 아침에 학습꾸러미를 가지러 학교에 가야했다.

"이 반바지 입어볼래?"

엄마가 엄마 반바지를 내주었다.

'이게 나한테 맞을까?'

입었더니 딱 맞았다.

"딱 맞네."

나는 마음에 들었다.

"이제 너랑 나랑 같이 입자."

엄마가 말했다. 엄마 티셔츠도 입어봤는데 그건 약간 길었다. (8.3)

▶ 엄마의 뿌듯한 마음이 전해지지 않나요? 벌써 엄마 옷을 나눠 입을 만큼 크다니요.

아이스크림 김태우 2학년

나는 오늘 아이스크림을 먹었다. 그런데 아이스크림을 뜯어보니 아이스크림 앞부분만 잘려 나왔다. 그래서 엄마와 나는 빵 터졌다.

"크하하"

웃음이 끝난 후 엄마가 말했다.

"어떻게 먹게?"

"쏙 빼먹게! 히히."

"엄마는 좋겠다. 아이스크림 안 잘려서"

(7. 15. 선풍기를 키면 춥고 선풍기를 끄면 더운 날)

▶ 저런저런….

1학년 땐 그랬지 황현지 2학년

학교 끝나고 나래를 만났다.

"나래야, 안녕?"

"어, 현지야, 안녕?"

"아, 맞다! 현지야, 너 ○○원이 고백했다며? 서민교가 그
랬어."

"응?"

"아, 1학년 땐 그랬지!"

얘기를 하고나서 떠났다. (9. 26)

▶ 친구와 이야기 나누는 말 속에 쿨한 현지가 보이지요? 주고

받은 말만으로도 상황이 보이고 말하는 사람의 성격도 느낄 수 있습니다.

그럴 때 됐지 황현서 1학년

내가 쉬는 시간에 선생님에게 말했다.

"선생님, 오빠 글씨가 너무 날라가요."

선생님은 현욱 오빠 3학년 때 담임선생님이다.

선생님이 말했다.

"현욱이 오빠가 그럴 때 됐지."

나는 그게 재미있었다.

알림장 글씨가 지금 너무 날라간다. 못 알아볼 정도로.

오빠, 글씨 좀 잘 써. (11.3)

▶ 이날 현서가 와서 웃으면서 들려준 이야기였습니다.

현서 : 지금 우리 선생님이 현욱 오빠 3학년 때 담임선생님인데요, 제가 현욱이 오빠 글씨가 날라간다고 하니까 선생님이 "현욱이 오빠가 그럴 때 됐지" 그렇게 말했어요.

그래 샘 : 맞아. 4학년쯤 되면 오빠들 글씨가 날아가지. ㅎㅎ

현서 : 너무 웃겼어요.

그래 샘 : 현서가 재밌었구나. 오늘은 그 이야기를 써 볼까?

현서는 이 글을 무척 재미있어해서 공책을 뒤적일 때마다 이 글을 읽으며 웃곤 했습니다.

신기한 엄마 이수빈 3학년

지난 주 수요일쯤 한의원 다녀온 엄마가 나에게 말했다.

"수빈아 책 읽을까?"

나는 내 방에서 책을 가져왔다. 엄마가 읽기 시작하고 엄마가 어쩌구 저쩌구 읽다가 나에게 "니가 읽어" 했다.

조용히 책을 읽고 있는데 엄마가 나에게 잠꼬대로 말했다.

"수빈아, 난 안 자니까 안 듣는 것 같아도 계속 읽어."

"으…응?"

'어떻게 자면서 들을까?'

나는 조용히 책을 들고 내 방으로 가서 계속 책을 읽었다.

(7.3. 햇빛이 좋다고 좋다고 목이 아플 때까지 노래하는 날)

▶ 정말 엄마들은 모두 신기합니다. 자면서도 다 알잖아요.

오빠 수업 김수진 2학년

오빠는(6학년) 아르바이트로 나에게 수학 수업을 한다. 잘 하면 만 원 정도 받는다. 나는 한 번 할 때마다 500원씩 받는다. 나는 어리광을 피우면서 말했다.

"엄마, 만 원씩 주라. 응?"

"안 돼."

"그럼 5천 원."

"안 돼."

"그럼 천 원."

"몰라. 엄마 바빠."

"대답만 해."

"알았어."

"야 신난다. 천 원이다."

"매일 하면 6천 원이다. 근데 일, 화, 목요일만 하잖아. 그
러면 3천 원이네."

오빠는 친절하고 잘 안 할 때는 혼냈다.

"평소에는 오빠지만 수업할 땐 선생님이니까 존댓말 써."

그리고 숙제도 내준다. 딱 한 번만 했지만 재밌다. (3. 26)

오빠의 불친절 수업 김수진 2학년

나는 오빠랑 수학 공부를 한다. 그런데 오빠는 불친절하다.
지난 주 일요일에 공부를 해야 할 때 오빠가 말했다.

"숙제 다 했어?"

"몰라아~"

"숙제 안 해놨으면 알아서 해."

"몰른데니까."

"안 했잖아."

"다 한 줄 알았어."

"지금 빨리 해."

"싫어!"

그래서 나는 울었다. 엄마가

"왜 울어?"

"오빠가 숙제 안 했다고 혼냈어."

"숙제 지금 해 그럼."

"싫어. 엄마 나 오빠랑 과외 안 할래. 학원 다니는 게 훨배

낫다."

"해."

"알았어. 정말 재미없어"

그런데 끝나고는 상쾌한 느낌으로

"다 했다." (4. 2)

▶ 엄마랑 주고받은 말, 오빠랑 주고받은 말을 잘 떠올려 재미
난 글을 썼지요? 수진이는 주고받은 말을 쓰는 맛을 알고부터
글 쓸 것도 많아졌고, 어떤 글을 써도 스스로 재미있어서 너무
도 즐겁게 글을 썼습니다.

3. 오늘 하루 동안 있었던 일 떠올려 보기

(1) 아침에 일어날 때

8시! 김시은 2학년

어제 아침에 아빠가 나를 갑자기 깨웠다.

"8시예요! 이제 일어나슈우---!"

나는 깜짝 놀랐다. 벌떡 일어났다. 아빠 덕분인 것 같다.

(9.13)

(2) 밥 먹은 이야기

볶음밥 이종호 2학년

오늘 아침에 엄마가 볶음밥을 해주셨어요. 햄, 오이, 양파 같은 재료를 작게 썰어서 밥에 넣으셨어요. 밥 색깔이 이상해서 엄마에게 물어보았어요. 엄마는 야채 즙이 밥에 배어서 그렇대요. 케첩과 비벼 먹으면 맛있어요. 김에 싸 먹어도 맛있어요. 맛있어서 두 그릇 반을 먹었어요.

(3) 학교 가는 길에

오늘 아침 정다희 2학년

나는 오늘 늦게 일어나서 엄마 잔소리를 들어서 싫었다. 그래서 세수도 빨리 했고 손도 빨리 씻었다. 옷도 입고 잠바도 또 빨리 입었다.

그리고 엘리베이터를 탔다. 내가 타고 있을 때 9층에서 멈추어서 누군가 했더니 내 친구 지형이었다. 지형이는 울고 있어서 내가 왜 우냐고 물었다. 그래도 아니라고 고개를 흔들거렸다. 그래서 내가 위로를 해줄려 그랬는데 부끄러워서 하기 싫었다. (3. 13)

참새들의 대화 김수진 2학년

오늘 아침 학교에 가는데 아파트 앞 나무 위에서 참새들이 이쪽에서 '짹짹짹' 하면 저쪽에서도 '짹짹짹' 했다. 그러다가 서로 같이 '짹짹짹' 했다. 서로 대화를 나누는 것 같았다. 나는 '쟤네들이 얘기하나 봐' 생각하면서 학교에 갔다. (2. 13)

아후, 살았다 이희수 2학년

오늘 학교에 31분에 갔다. 걱정 되어 뛰어갔는데 풀밭에 제니가 보였다. 나는 박수를 쳐서 "제니야, 이리 와" 하고 불렀다. 그러자 제니가 나한테 왔다. 제니는 우리 아파트

에 살고 있는 길고양이인데 내가 '제니'라고 이름을 붙여
줬다. 나는 주머니에 있는 사탕을 제니에게 주었다. 제니
와 놀다 가니 늦어서 뛰어갔다.

그런데 감나무에 감이 있어서 나는 한 개를 따서 주머니
에 넣었다. 그런데 감이 그 순간에 뿌서져 버렸다. 나는 좀
우울했지만 가던 길을 갔다. 그리고 가면서 예쁜 나뭇잎
이 있어서 5장을 땄다.

나는 그 순간에 학교에 늦었다는 것을 알고 뛰어갔다. 그
런데 가다보니까 친구 세 명이 있어서 만났다. 다행히도
선생님에게 안 혼나고 그냥 들어가게 되었다. 우리 선생
님은 혼자 지각을 하면 혼내는데 여러 명이 지각을 하면
안 혼내신다. 아후, 살았다.

(11. 20. 오늘은 언니가 내 귀마개를 가져가서 귀가 엄청 시려웠다.)

고마우신 할머니 한민준 3학년

아침 학교에 가는 길, 너무 바람이 불어 우산이 휘어지고
난리가 났다.

근데 어느 할머니가

"그거 이리 줘봐"

그래서 드렸더니 고쳐주셨다. 참 고마웠다.

덕분에 하영이와 함께 학교에 갔다. 이 일은 잊기 힘들 것

같다. 그 할머니가 지나가지 않았더라면 나는 고생이 많았을 것이다. 작은 도움도 큰 도움같이 느껴질 수 있다는 걸 알게 되었다. 할머니, 고맙습니다. (9. 16)

▶ 학교 가는 길에 친구를 만났을 수도 있고, 수진이처럼 새소리를 들을 수도 있을 테고요, 희수나 민준이처럼 학교 가는 길이 보통 때와 다를 수도 있을 거예요.

(4) 학교에서 공부하고, 놀고, 밥 먹고

솔잎 침 최현오 2학년

오늘 생태계 수업이 있는 날이다. 그래서 2교시 때 생태계 수업을 하러 야외로 나갔다. 그리고 여러 가지 식물을 배웠다. 자작나무, 은행나무, 느티나무, 진달래, 산철쭉… 등을 배웠다. 3교시를 하러 교실로 들어가려고 했는데 친구가 내 목, 등을 솔잎으로 찔렀다. 너무너무 아팠다.

"아~"

내가 소리치자

"이게 아파?"

하면서 그 친구가 자기 손에 찔렀는데 엄청 아파했다. 쌤통이었다. (5. 14)

칼싸움 최준우 3학년

어제 학교에서 어린이신문을 나눠줬다. 나는 읽지 않고 돌돌 말아서 칼을 만들고 테이프로 붙였다. 딴 애들도 나를 보고 재빨리 칼을 만들었다.

우리는 칼싸움을 했다.

"야, 팀 하자."

"그래."

나랑 우영이랑 민수랑 태현이 이렇게 넷이 팀이었다. 상대팀은 윤범이, 태호, 서진이, 승한이, 지한이 이렇게 5명이었다. 상대팀은 수적으로 우세했다. 내가 깡충깡충 뛰면서 하면 애들 칼이 내 칼 힘 때문에 다 날아갔다.

(7. 13. 매미는 안 덥고 나는 더운 날)

학교에서 손들고 서 있기 이하루 2학년

내가 복도, 교실에서 뛰어 선생님이 손들고 스라고 했다. 내가 저항할 힘이 없어 스스로가 한심스러웠다. (6. 28)

▶ 운 없는 날은 선생님께 혼나기도 하고 벌도 설 수 있지요.

급식실에서 일어난 일 손서우 2학년

오늘 급식실에서 밥을 먹는데 매운 걸 엄청 싫어하는 친

구가 있었는데 내가 그 친구에게 매운 고기 싫어하냐고 얘기를 했다. 그랬더니

"어, 나 매운 고기 싫어해."

"그럼, 나한테 그 고기를 줄 수 없겠니?"

했다. 그래서 친구가 "응" 하고 고기를 다 주었다. 고기반 찬이 수북이 쌓였다.

그런데 또 매운 걸 싫어하는 친구가 또 한 명 있었다. 그래 서 내가 그 친구에게도 얘기를 했다. 친구가 "알았어" 하 면서 고기를 반 덜어주었다. 그래서 고기가 처음에 수북 이 쌓였던 것보다 더 수북이 쌓였다. 그런데 먹다가 너무 배불러서 고기를 버렸다. 참 배부르게 먹었다. (7. 8)

▶ 오늘 급식 반찬은 좋아하는 게 나왔을까요, 아니면 싫어하 는 게 나왔을까요?

기분 좋은데… 부끄럽다 황현지 3학년

오늘 학교에서 점심 먹기 전, 선생님께서 우리 반 패들렛 (인터넷에 숙제 올리는 곳)을 보여주셨다. 가장 끝 부문에 내 이름이 적힌 것을 보시고는 말씀하셨다.

"이렇게 제목을 문장으로 쓰는 경우가 있단다."

나는 선생님의 말씀을 듣고 기분이 좋아졌다. 하지만 내

글을 친구들이 봐서 부끄럽기도 했다. 내 글의 제목은 '나는 독감주사와 싸운다'였다.

(10. 21. 따뜻하게 입으면 히터를 안 틀어도 된다.)

▶ 제목을 대부분 명사로 쓰거나, ~한 날, 이렇게 많이 하지요. 현지처럼 글의 제목을 문장으로 하는 것도 좋습니다.

선생님과 장난 이희수 3학년

오늘 5교시에 즐겁지 않은 사회시간이 왔다. 우리는 우리 고장이 어딘지 찾아보려고 컴퓨터를 틀었다. 그런데 선생님께서 고장을 찾아보지 않고 오승영을 쳐봤다. 그런데 못생긴 의사가 나왔다. 그 다음엔 조우솔을 쳤더니 가수가 나왔다. 내가 지금 말하는 이름은 내 친구들이다. 그 다음엔 나를 치셨다. 그런데 나는 못생긴 교수가 나왔다. 그러자 아이들이 깔깔깔! 웃었다. 그리고 "김혜인이요, 저희 언니요." 아주 시끌벅적했다.

선생님은 그 다음엔 김혜인을 쳤다. 그러자 예쁜 아이돌 같은 귀여운 사진이 나왔다. 애들은 깜짝 놀랐다. 그 다음엔 김나은을 쳤는데 아주 예쁜 사람이 나왔다. 그 사람은 아주 유명한 가수였다.

우리 반에서 의외로 못생긴 애들이 이쁜 사람이 나왔다.

이름은 잘 지었나 보다. 애들은 그것이 자신의 미래라고 생각했다. 그래서 자신은 꿈을 바꿨다고, 이제는 교수라고 했다.

선생님이 애들이 너무 떠들자,

"5초 안에 앉아라. 5, 4, 3, 2…"

애들은 재빨리 제자리에 앉았다.

더 보고 싶은데 아쉬웠다. 집에 가서 검색을 해봐야겠다. (8. 22)

▶ 수업 시간 이런 재미난 일들도 있네요. 오늘 반에는 무슨 일이 있었는지 1교시부터 쭈욱 생각해 보는 거예요.

(5) 집으로 돌아오면서

인터폰 하기 이하름 2학년

오늘 학교에서 집으로 올 때 카드 키가 없어서 나는 경비실에다가

"안녕하세요? 저는 1204호 사는 말썽꾸러기인데요. 카드 키가 없어서 문 열어주세요. 감사합니다." 했더니 척! 문을 열어주었다. (9. 20)

엄마 어렸을 적에 허승빈 3학년

얼마 전에 엄마와 학교에서 집에 올 때 내가 양재우가 계속 놀린다고 말했다. 그러자 엄마가 그래서 패냐고 물어보았다. 나는 솔직하게 팬다고 말했다. 그러자 엄마가 이렇게 말했다.

"패지 마. 커서 후회하게 돼."

"엄마가 어떻게 알아?"

"왜냐하면 엄마도 어렸을 때 남자애들 많이 패봐서 알아."

엄마가 이런 얘기도 들려줬다.

얼마 전에 초등학교 동창들이 하는 밴드에서 어떤 사람은 엄마에게 "니 진짜 무서웠다" 하고, 어떤 사람은 "나는 니한테 맞으면서 큰 것 같다" 했다고.

나는 그래서 패지 않기로 결정했는데 다음 날 약속을 못 지키고 제대로 폭발하고 말았다. 나는 엄마가 무슨 말이라도 할 줄 알았는데 아무 말 없었다. 내가 양재우, 박세영. 가만 두나 봐라! 이씨….

(10. 22. 여름? 겨울? 변덕쟁이 날씨여.)

▶ 하름이가 아주 야무집니다. 경비 아저씨한테 이야기하는 하름이 모습이 그려져요. 승빈이는 학교에서 친구들이 놀려 화났던 일을 엄마에게 말했는데, 엄마가 어릴 때 이야기를 들려주

네요. 엄마랑 한 약속을 지키진 못했지만 약속을 떠올리기는
했어요.

집에 오는 길 친구랑 놀이터에서 놀았던 일, 문방구 들렀던 일,
친구랑 안녕 하며 헤어진 일… 아이들이 알아차리기만 하면
모든 순간들이 다 글감이 될 수 있습니다.

(6) 저녁 시간

비참한 죽음 손서우 2학년

어제 밤에 공부를 할 때 모기약을 틀어놨다. 공부를 하고
있는데 날파리가 위잉~ 하고 날아가 책상 위에 앉았다. 비
틀비틀거리니까 방해돼서 휴지로 날파리를 콱 해버렸다.
그래서 참 비참하게 죽었다.

(6. 3. 바람이 불어서 나무가 찰랑찰랑거린다.)

모기 소동 손서우 2학년

오늘 저녁을 먹는데 모기가 나한테 날아왔다. 그래서 내가
"엄마, 모기" 그랬더니 "어디, 어디?"라고 놀라셨다. 엄마가
손으로 짝짝 잡다가 고기가 타니까 "아이고, 고기 탄다"라
고 얘기하셨다. 고기 구으랴, 모기 잡으랴, 소동을 피웠다.
엄마가 모기를 잡는 모습이 너무 웃겼다.

(10. 13. 가을이어서 그런지 춥다가 덥다가 날씨가 변했다.)

▶ 날파리를 콱 해 버린 얘기도, 모기 소동도 다 재미있습니다. 이렇게 시시한 이야기들도 좋은 글감 맞지요?

맛있는 걸까? 전희재 3학년

어제 형아가 티비를 틀었다. 그리고 뉴스 채널을 골랐다. 나는 숟가락 젓가락을 놓고 있었다. 그리고 밥을 먹고 있을 때 뉴스에서 이런 말이 나왔다.

"징계 먹을래?"

그래서 나는 물었다.

"아빠, 징계 맛있는 거야?"

아빠는 답이 없었다. 형아한테도 물어봤지만 형아도 답이 없었다.

엄마한테 물었다.

"징계 맛있는 거야?"

엄마가 말했다.

"아니. 벌이야."

나는 놀랐지만 그냥 가만히 앉아 있었다.

(1. 23. 그저 그렇다.)

▶ 하루 일을 마치고 식구들이 모이는 저녁에는 어느 집이나 텔레비전을 많이 봅니다. 텔레비전에서 나오는 뉴스거리니 알쏭달쏭해서 궁금했던 것들, 식구들과 텔레비전을 보면서 나눈 이야기들도 좋은 글감입니다.

(7) 꿈나라로

나의 잠버릇 고혜수 2학년

어제 엄마랑 같이 잤다. 자기 전에 엄마가 말씀하셨다.

"너는 항상 잘 때마다 '에에~'라고 소리를 내고, 또 침도 흘리면서 잔다."

나는 그 말을 듣고 충격을 받았다. 나는 계속 엄마한테 "진짜, 진짜?"라고 말하였다. (4. 12)

돼지꿈 박재영 3학년

며칠 전 내가 돼지꿈을 꾸었다. 꿈속에서 아무도 없는 노랑색 배경에서 그냥 멍~하니 서 있는데 어떤 사람이 막 돼지를 5마리나 던지고 사라졌다. 나는 '어, 이거 돼지꿈이구나.' 생각하고 날아오는 돼지를 덥석덥석 안았다.

나는 깜짝 놀라서 꿈에서 깨어나 엄마한테 달려갔다. 엄마는 내 꿈 이야기를 듣자

"진짜? 그럼 우리 있다가 복권 사러 가자."

"그래."

엄마는 아빠한테도 돼지꿈 얘기를 했다. 우리들은 복권이 당첨될까 안 될까 궁금했다.

"엄마, 여기서 복권 사자."

"그러자."

우리는 복권을 사서 나왔다. 우리 식구들은 복권이 나올지 안 나올지 정말 궁금했다. (8. 27)

▶ 잠들기 전에 있었던 일도, 지난밤 꾸었던 꿈 이야기도 글감이지요.

4. 본 것, 들은 것, 내가 생각하고 느낀 것

비 오는 날 나와 나무 지민상 2학년

오늘 글쓰기에 오면서 콧노래를 불렀다. 옆에 나무가 있어서 내가 가수고 나무들이 관중이라고 생각하면서 노래를 불렀다. 나는 나무들이 비 때문에 잎이 흔들흔들 그래서 그걸 박수 치는 소리로 하고 노래를 맺었다. 나는 박수

치는 것 같아서 기분이 좋았다. (4. 26)

드라마 찍는 기분 고혜수 2학년

일요일에 아빠와 깜슈가 산책을 나갔다. 나는 아빠를 빨리 따라갔다. 내가 엘리베이터를 탈 때 아빠가 계단으로 올라왔나 보다. 나는 한참 아빠를 찾았다. 내가 가다가 조금 천천히 가는데 위에서 벚꽃이 떨어졌다. 그리고 옆에 비둘기가 지나가고 또 바람이 솔솔 불었다. 나는 드라마 찍는 기분이었다. (4. 12)

▶ 민상이도 혜수도 행복합니다. 나뭇잎 박수를 받고, 벚꽃이 떨어지는 길에 비둘기가 지나가고 바람도 솔솔 불어 마치 드라마 찍는 기분이 됩니다. 이렇듯 자기가 보고 느낄 수 있는 만큼 행복하지요.

귀뚜라미 손서우 2학년

오늘 심부름을 하고 오는 길에 귀뚜라미를 발견했다. 귀뚜라미를 잡으려고 하는데 풀밭으로 쏙 들어가 버렸다. 너무 신기했다. 왜냐하면 귀뚜라미가 한 번만 폴짝 뛰었는데 바로 풀밭으로 한 번 만에 뛰어서 들어갔기 때문이다. (10. 5. 방과 후 공부를 하는데 너무 더웠다.)

▶ 폴짝 뛰어 풀밭으로 가는 귀뚜라미를 발견한 밝은 눈!

가을 풀벌레 소리 이선정 2학년

어제 낮에 교회에 가려고 할 때 우리 아파트 옆에서 '푸르르르' 소리를 들었다. 나는 신기해서 귀를 기울이니까 더 이상은 들리지 않았다.

오늘 학교에서 오는데 또 '푸르르르' 소리가 들렸다. 나는 너무 반가웠다. 가을이 오고 있구나 생각이 들었다.

(9. 18)

▶ '푸르르르' 풀벌레 소리를 잘 듣고 들리는 대로 쓴 밝은 귀! '아, 가을이 오고 있구나.' 기뻐하는 모습이 그려집니다.

공책 첫 장 쓸 때 이미경 2학년

공책 첫 장 쓸 때는 잘 하고 싶다. 예쁘게 써야지, 깔끔하게 써야지, 라고 생각하면서 기분 좋게 쓴다. 또 앞에 이름, 학년, 반, 번호 이런 걸 쓸 때도 기분이 좋다. 딱 첫 번째만.

그런데 첫 장이 지나면 반대다. 이 세상에 없으면 좋겠다. 찢어버리고 싶다. 버리고 싶다. 이런 생각이 든다.

우리 엄마는 공부하다 짜증내거나 공책에 뭘 할 때 화내면 경고하고 또 하면 화내면서 찌이이이이익 찢어버린다. 구모도 찢었다. 나랑 할매는 그 조각을 주워서 퍼즐 맞추듯이 맞추고 테이프로 붙였다. 테이프 붙인 데가 연필로 안 써져서 싸인펜 같은 걸로 문제를 풀었다. (11.5)

▶ 맞아요, 공책 첫 장을 쓸 때는 글씨도 예쁘게 쓰고, 앞 장에 이름과 학년, 반, 번호도 예쁘게 쓰지요. 그런데… 첫 장이 지나면 다 똑같아져 버려요. 이 글은 새 공책에 첫 번째로 쓴 글이었습니다.

고구마 맛이 좋을까, 영화 맛이 좋을까? 허승빈 3학년

어제저녁에 엄마가 영화표를 끊었다고 했다. 그 영화는 내가 예전부터 보고 싶었던 '월터의 상상은 현실이 된다'이다. 그래서 난 침대에서 펄쩍펄쩍 뛰었다.

오늘 아침 엄마가 극장에 고구마를 가져가자고 했다. 그리고 오늘 점심에는 새로 산 딸기도 가져가자고 했다. 하지만 내가 생각지 못한 것이 있었다. 그건 바로 고구마가 맛있으면 영화에 집중이 안 되고, 영화가 재미있으면 고구마에 집중이 안 되는 것이다. 그럼 돈이 아까운 운명인 것이랑 마찬가지이다. 왜냐하면 고구마에 집중하면 영화표값이 아깝고 영화에 너무 집중하면 고구마값이 아깝기

때문이다.

난 고구마를 좋아해서 영화표값이 아까울 것 같기도 하고, '월터의 상상은 현실이 된다'는 내가 예전부터 보고 싶었던 영화라 고구마값이 아까울 것 같기도 하다. 하지만 엄마가 어떻게 고구마를 극장에 싸 갈 생각을 했을지 궁금하다. 하여간 참 특이한 우리 엄마다.

(1.9 매우 추움. 추신: 눈만 내밀고 밖에 나가네요! 추워요!!!)

▶ 영화관에 고구마와 딸기를 가져가자는 엄마도 재밌고, 영화표가 아까울까, 고구마 산 돈이 아까울까 행복한 생각을 하는 승빈이도 재밌네요. 과연 어땠을까요?

5. 신나게 놀았던 일

조마조마한 놀이 조은찬 2학년

나는 어젯밤에 엄마가 일을 할 때 심심해서 인형놀이를 했다. 백호를 가지고 놀았다. 백호가 두 마리가 있어서 그걸 가지고 같이 싸웠다.

"픽" "쿵"

소리가 조금 들렸다. 엄마한테 들키면 끝장이다. 왜냐하면 다시 숙제를 해야 한다! 그래서 인형을 내려놓고, 잠자는 척했다가 다시 하고, 또 잠자는 척을 했다. 왠지 더 재미있었다. (10. 27. 해님이 없던 날)

▶ 엄마 몰래 인형을 가지고 노는 모습이 너무나 사랑스럽습니다. 다 커서도 이런 날의 추억이 아이를 행복하게 해 줄 거예요.

해바라기씨 카페 황현지 2학년

나는 카페를 차리고 싶었다. 그래서 집에 만들었다. 가게 이름은 '해바라기씨 카페'로 했다. 궁금증을 만들려고 '해바라기씨'인지, 이름이 '해바라기'씨인 사람을 나타내는 건지 궁금하게 하려고 일부러 만든 이름이다.

50원이 가장 비싸다. 우유는 10원이고, 오렌지 우유 30원이고, 톡톡 딸기 우유는 20원이고, 오렌지쥬스 20원이다. 한라봉과 천혜향은 무료다. 오디는 5원이고, 보리차는 10원이고, 랜덤차는 10원이고 블루베리는 5원이다. 따끈하고 차가운 것은 자기 맘대로 할 수 있다.

오빠만 시키면 우리 가족이 다 시킨 거다.

"해바라기씨입니다. 뭘 시키시겠습니까?"

"우유요."

그러면 나는 묻는다.

"차갑게, 따뜻하게요?"

"따뜻하게요."

그러면 센 불에 우유를 데워 갖다 준다. (2.6)

▶ 현지의 카페는 메뉴판도 있습니다. 해바라기를 그리고 그 옆에 차 이름과 가격을 적어 놓았어요. '해바라기씨 카페'가 궁금해지지요? 생각만 해도 신이 납니다. 아이들은 이렇게 놀면서 자라고 세상을 배웁니다.

재윤이랑 놀다 박태민 2학년

오늘은 내가 학교를 갔다 오자마자 전화가 왔다.

"여보세요?"

"태민아, 나 재윤인데 놀아도 돼?"

"응. 그럼 집에 있어."

나는 좋아서 뛰어갔다. 도착해서 컴퓨터를 했다. 다음에 비행기 놀이를 하고 5분 뒤에 김밥 놀이를 했다. 나는 단무지, 재윤이는 소시지를 했다. 이불을 재윤이 아줌마 몰래 펴서 이불을 돌돌 감아서 가짜로 소금을 뿌리고 칼로 썰었다. 물론 가짜 칼이다. (2.13)

▶ 김밥 놀이는 이렇게 하는 것이군요. 비행기 놀이는 의자 위에서 쓔웅 내려오는 기라 합니다. 샌드위치 놀이는 적어도 셋은 모여야 할 수 있고요. 무궁무진하게 놀이를 개발하는 아이들 능력에 감탄할 수밖에요.

6. 주말에 있었던 일

갯벌에서 윤지호 2학년

이번 연휴 때 친구 한비네, 은채네, 지원이네랑 캠핑을 갔다. 거기서 친구들이랑 갯벌에서 논 게 제일 재미있었다.

캠핑장에 도착해서 아빠는 텐트를 치고 우리는 갯벌에 갔다. 좀 하다보니까 어떤 애가 큰 망둥어를 잡았다 해서 갔는데 엄청 큰 망둥어가 있었다. 20cm정도 되는 큰 망둥어였다.

한비는 옷이 거의 2/3 정도 젖었다. 거의 갯벌에 구른 거 같았다. 발도 거의 장화까지 왔다. 나도 딱 한 번 넘어졌다. 그런데 이상하게 거의 갯벌 흙이 안 묻었다. 빨리 가려고 앞으로 나갔는데 뒷발이 갯벌에서 안 빠져서 중심을 잃고 넘어졌다. 넘어지는 것도 재미있어서 우리는 웃었다. 한비는 지쳐서 들어갔다.

은채가 왔다. 그런데 너무 깊이 들어가서 은채가 넘어졌다. 그리고 지원이도 왔다. 더 깊이 들어가서 은채는 엄청 깊이 빠지고 지원이는 신발이 벗겨지고, 은채는 계속 나오지 못하고 있었다. 그런데 다행히 10분 정도 있다 빠져나왔다.

우리는 망둥어랑 꽃게를 조금만 잡다가 들어가 옷 갈아입고 저녁 먹을 때까지 놀았다.

(10. 12. 바람과 햇빛 둘 다 있는 날)

▶ 여행을 한 이야기라면 출발부터 1박 2일 있었던 일을 모두 다 쓸 수도 있지만 그렇게 쓰다 보면 뭐 했고, 뭐도 했고, 이렇게 늘어놓기 십상입니다. 여행 중 가장 재미있었던 일 하나를 골라 써 보게 하는 것도 좋습니다.

7. 오래전 일

조끼 귀신 허서준 2학년

일곱 살인가 여섯 살인가 겨울 밤 나는 평범하게 방에 있는 밤에 입는 조끼를 찾았다. 그런데 조끼가 없었다. 내가 아무리, 아무리, 아무리 찾아도 조끼를 못 찾았다. 나는 조끼가 어디 있는지 너무 궁금했다. 그래도 못 찾았다. 결국 엄마한테 도움을 청했다.

"엄마, 제 조끼 어딨어요?"

엄마는 이 한마디밖에 안 하셨다.

"그 조끼, 너가 입고 있잖아."

나는 얼른 내 몸을 보았다. 진짜 내 몸에 조끼가 있었다.

"그럼 제가 한참 찾은 고생은 뭔가요?" (10.14)

그냥 넘어가자 김태우 2학년

내가 어렸을 때 밥을 하도 안 먹어서 밥 한 숟가락 먹으면 엄마가 책 한 페이지를 읽어주고 했는데 세 번째 밥을 삼키지 않아서 엄마가 말했습니다.

"태우야, 밥을 먹어야 넘어가지."

내가 말했다고 합니다. 힘이 없는 작은 목소리로,

"그냥 넘어가자."

하하하하. (10.7. 쌀쌀한 날)

할머니네 집 항아리 소금 이서진 1학년

시골에 사는 할머니 집 거기에는 소금이 엄청나게 많다.

거기에 아주 짠 소금이 있다. 크기도 아주 크다. 엄마 몰래 먹으면 엄청 맛있다. 아무도 모른다. 나만 알고 있다.

(11. 16. 바람이 욕심내는 날)

▶ 글은 오늘 있었던 일만 쓰는 건 아니지요. 오래전 일들도 얼마든지 쓸 수 있어요. 그 일이 생각났거나 떠올랐으면 어느 때 일이었나를 밝히고 쓰면 됩니다.

지금까지 읽어 본 글 모두 평범한 이야기들입니다. 그런데 어떤가요? 재미있지요? 이런 시시한 일들을 쓸 수 있다면 글쓰기는 한결 쉬워집니다. 남들은 글감으로 생각하지 않는 것까지 글로 쓸 수 있는 거, 엄청난 실력입니다. 잘 보고, 잘 듣고, 그걸 소중하게 여길 줄 아는 사람이 잘 쓸 수 있습니다. 내가 겪었던, 보았던, 들었던 일들 모두 글감이 됩니다.

오늘, 또는 요즈음에 있었던 시시한 일들을 글로 쓸 수 있도록 도와주세요. 쓰기도 쉽고, 쓰고 읽어 봐도 재밌고… 이런 글들을 많이 써 보면 좋겠습니다. 그러면 눈이 밝아지고, 귀도 밝아지고, 그렇게 쓴 글이 재밌어서 마음도 밝아질 것입니다.

눈을 뜨고, 귀를 기울이고, 마음을 연 세현이

세현이는 1학년 10월부터 저와 글쓰기 공부를 시작했습니다. 아이들이 잘 보고, 잘 듣고, 작은 일들에 마음을 쓸 수 있는 건 오랜 시간 글쓰기를 해야 얻어지는 게 아닙니다. 아이들은 말 랑말랑해서 잘 보고, 잘 듣고, 느낀 것들을 곧장 글로 씁니다.

진짜 자세히 보면 글이 나오나요? 장세현 2학년

선생님이 우리한테 모든지 자세히 보면 무슨 이야기가 나 온다고 하셨는데 아무리 보아도 무슨 이야기가 안 나와 요. (7.9)

네모구름

일요일 밤 9시쯤 동생과 줄넘기를 하러 나갔는데 8단지 아파트 사이로 아주 반듯한 네모구름이 있었다. 조금 있다 보니 구름이 점점씩 작아졌다.

"구름아 네모구름아 나중에 또 오렴." (9. 17)

▶ 세현이는 진짜 자세히 보면 글이 나오느냐고 묻고 있어요. 그런데 뭐든 자세히 보는 사람만 볼 수 있는 네모구름을 보았습니다. 그리고 그걸 글로 씁니다.

비 온 뒤

동요선생님이 노래를 잘 불렀다고 윤원이, 나 그리고 민경이한테 선생님께서 떡꼬치를 사주셨다. 그리고 바쁘시다고 선생님은 가시고 우리는 놀이터에서 먹었다.

다 먹고 놀이터에서 놀았다. 그네 쪽에는 물웅덩이가 있었다. 어떤 오빠는 그네를 멈추다 물웅덩이에 '푹' 빠졌다. 그 웅덩이에 비추는 아파트와 나무들이 참 멋있게 보였다.

나는 비가 오는지 냄새를 맡고 알 수 있다. 땅이 젖으면 거름냄새가 나기 때문이다.

물웅덩이가 내일까지 있으면 또 놀이터에 나가 볼 것이다. (6. 21)

▶ 그네 쪽에 물웅덩이가 있고, 그 웅덩이에 아파트와 나무가 비친 걸 봤군요. 그리고 땅이 젖으면 거름 냄새가 나는 것도 맡을 수 있고요.

우리에게는 볼 수 있는 눈이 있고, 들을 수 있는 귀가 있고, 냄새를 맡을 수 있는 코가 있고, 맛을 느낄 수 있는 혀가 있고, 피부로 알 수 있는 촉각이 있습니다. 이 다섯 가지 감각의 문을 활짝 열고 지낼 수 있다면 좋겠습니다. 글을 쓸 때도 그냥 대충 생각으로 얼버무려 쓰지 않아야 합니다. 본 대로, 귀에 들리는 대로, 느껴지는 대로 새롭게 써야 합니다.

이상한 새

글쓰기를 하러 오다가 이상하게 우는 새소리를 들었다. 궁금해서 요렇게 들여다보았더니 비둘기보다는 작고 병아리보다는 컸다. 부리는 별로 길지 않고 주황색이었다. 몸통은 회색이다. 그리고 우는 것은 '쪼로록 쪽쪽 쪼르록 쪽쪽'이었다.

나는 그렇게 우는 새는 처음 보았다. 그 새는 아주 빨랐다. 내가 그 새를 키운다면 이름을 '쪼록이'라고 지을 것이다. 이 새는 내가 없어질 때까지 꼼짝도 하지 않고 부리만 움직였다. 왜 그랬을까? 아마 냄새로 벌레를 먹으려고 그랬을 것 같다. (3. 5)

▶ 보통 새소리를 쓸 때 "짹짹"이라고 많이 하지요. 그렇지만 새들도 저마다 우는 소리가 다 달라요. 이 새는 "쪼로록 쪽쪽 쪼르륵 쪽쪽" 우는군요. 새소리가 특이해서 발걸음을 멈추고 들여다본 것부터 칭찬하고 싶습니다. 마음도 귀도 활짝 열려 있는 세현이입니다. 크기는 비둘기보다는 작고 병아리보다는 크고, 부리는 별로 길지 않고 주황색이고 몸통은 회색이라고 하네요. 새를 잘 아는 사람이라면 세현이가 말한 것만 듣고도 어떤 새인지 알 수 있을 만큼 잘 보고, 잘 듣고 썼습니다. 이렇게 잘 보고, 잘 듣고, 관심을 가지고 지낸다면 분명 쓸거리도 많아지고 글도 잘 쓸 수밖에 없습니다.

5장 시 쓰기 편에 실린 '개나리'와 '멸치', '담쟁이'도 세현이가 썼는데, 세현이가 사물을 어떻게 잘 보고 그걸 붙잡아 썼는지 눈여겨보세요.

3장

어떻게
도와줘야
글이 늘까요?

겪은 일을 또렷이 쓸 수 있게
차근차근 물어보기

아이들은 보통 글을 "~해서, ~했고, ~했다. 그래서 참 재미있었다"라거나 "~했다. 왜냐면 ~이기 때문이다." 이렇게 줄거리를 설명하듯 씁니다. 그러고서 "참 재미있었다"로 마무리할 때가 많습니다. 이렇게 쓴 글로는 어떤 일이 어떻게 벌어졌는지 자세히 알 수가 없습니다. 당연히 '참 재미있었다'는 말도 빈말처럼 느껴집니다.

아이가 쓸 이야기를 정했다면 그 일이 언제, 어디서, 어떻게 있었던 일인지 차근차근 물으면서 재미있게 들어 주세요. 서로 주고받은 말이 있다면 "어떻게 말했어?" "우리 말한 것도 그대로 쓰자"고 말해 주세요. 아이는 먼저 이야기로 그 일을 한번 정리하니까 쉽게 쓸 수 있고, 우리도 아이가 글을 쓸 때 옆에서 가볍게, 그렇지만 정확하게 도움을 줄 수 있습니다.

글을 생생하게 하는 방법으로는 '묘사하기'와 '대화 쓰기'가 있습니다. 저는 묘사하기는 좀 뒤로 미루고, 첫 시간부터 주고받았던 말은 큰따옴표에 넣어 써 보게 합니다. 그러면 그 사람만이 쓸 수 있는 말투와 그때 그 자리의 상황, 서로의 마음과 생각까지 자연스레 글에 담기게 됩니다.

아이와 글쓰기를 시작할 때는 먼저 대화를 잘 살려 쓴 보기글을 준비하세요. 이 책에 실린 대부분의 글이 그런 글입니다. 그 글을 함께 읽으며 "이렇게 주고받은 말을 그대로 쓰니까 생생하네" "와, 이렇게 쓰니까 어땠는지 훤히 알겠다" 하면서 아이도 그렇게 써 볼 수 있게 부추겨 보세요. 그런 글은 제 스스로 읽어도 재미있고 어렵지 않아서 글쓰기가 만만하게 느껴지고 글이 막 쓰고 싶어질 수 있습니다.

이렇게 '누가, 언제, 어디서, 어떤 일들이, 어떻게 벌어졌는지'를 밝혀 쓰는 글을 '겪은 일 쓰기'라고 합니다. 아이들이 일기나 생활글에서 가장 많이 쓸 수 있는 글이지요. 겪은 일 쓰기 방법으로 글을 쓰다 보면 일의 사정을 객관적으로 살피고 정확하게 쓰는 힘이 길러집니다. 이 글쓰기는 정확하게, 진실하게, 설득력 있게, 조리 있게 써야 하는 모든 글의 기본입니다.

그렇지만 저학년 친구들은 일의 처음부터 차근차근 쓰는 것을 어렵게 느끼기도 합니다. 하고 싶은 이야기만 툭 써 놓기도 하고, 큰따옴표에 주고받은 말만 쓰고 그만두기도 합니다. 때에 따라서는 속 알갱이만 쓴 글이 더 아이답고 '이건 시네' 싶을 때도 있습니다. 그러나 보통은 누가, 언제, 어디서, 무엇을, 어찌하여 어떻게 되었는지 그 사연이 드러나게 쓰는 게 좋습니다.

그런데 많은 분이 글은 생각이나 느낌을 많이 써야 좋다고 알고 있습니다. 그래서 아이가 한 일을 중심으로 글을 잘 썼는데도 아쉬워하지요. 아이들에게 생각이나 느낌도 많이 써 보라고 말합니다. 그래서 아이들은 일의 사정을 제대로 쓰지도 않고 서둘러 '참 재미있었다. 너무 좋았다'는 식으로 글을 풀어 가는데 그러다 보면 아무리 길게 쓰려고 해도 더 쓸 게 없지요. 어떤 일에 느낌이나 생각을 섬세하게 쓰는 일은 쉽지 않습니다. 그런데 겪었던 일만 잘 써도 그때의 생각이나 느낌이 전해집니다. 뻔한 느낌이나 생각을 쓰는 것보다 그때 그 일을 제대로 분명하게 쓸 수 있어야 합니다. 아이들 글에 생각이나 느낌을 많이 쓰라고 하는 말은 좀 참고, 겪은 일 쓰기를 제대로 잘할 수 있게 이끌어 주는 게 필요합니다.

글의 갈래는 크게 산문과 운문(시)으로 나눕니다. 산문은 있었던 일을 이야기로 들려주는 겪은 일 쓰기, 생각이나 느낌을 주로 쓰는 감상문, 무엇인가를 알려 주거나 풀이해 주는 설명문, 내 의견을 펼치거나 따져 쓰는 주장하는 글로 나눌 수 있습니다.

쓸거리를 정하고 난 뒤 어떤 갈래의 글로 쓸 것인가를 밥상 차리는 일에 비유해 보겠습니다. 식구들의 맛있는 한 끼를 위해

여러 가지 반찬을 만듭니다. 그리고 반찬을 어울리는 그릇에 담아내지요. 글감을 정했다면(반찬) 그 글감에 맞는 글의 갈래(그릇)를 선택해서 쓰면 됩니다. '엄마'에 관해서 쓴다 해도 오늘 아침밥 먹으면서 엄마랑 이야기 나눈 것을 쓴다면 겪은 일 쓰기로 써야 하고, 엄마에 대해서 생각해 왔던 것을 쓴다면 감상문이 되겠지요. 우리 엄마는 이러이러한 사람이야 소개하고 싶다면 설명문이 되고, 엄마에게 부탁하는 말이나 주장하고 싶은 얘기라면 주장글로 쓰면 됩니다.

초등 저학년 때는 굳이 갈래에 얽매일 필요가 없습니다. 하고 싶은 얘기를 마음껏 하기만 하면 됩니다. 아이들 글은 산문으로 보면 산문이고, 시라고 보면 시인 글도 많습니다. 산문과 운문도 굳이 구분하지 않아도 됩니다. 갈래를 따지지 않고 겪은 일 쓰기와 시 쓰기만 할 수 있어도 충분합니다. 글의 갈래를 들먹여서 아이들이 글쓰기를 어렵게 느끼게 할 필요가 없습니다. 아이들이 '나, 글 잘 써' '글쓰기 재밌어' 하는 자신감을 갖게 하는 게 중요합니다.

1. 입말을 그대로 써서 상황이 드러나게

오렌지 문구 황현지 1학년

나는 오렌지 문구에 갔다. 고르려니 다 너무 예뻐서 고를 수가 없었다.

"빨리 골라."

엄마가 얘기했다.

"못 고르겠어."

"그럼 갈까?"

"싫어. 다 예뻐서 그런 거잖아. 엄마는 눈치도 없어?"

"…"

"나 그냥 이거 살래."

"그럼 그걸로 사."

"아니, 아냐… 그냥 이걸로 살래."

그래서 비밀번호 필통을 샀다. (9.10)

▶ 주고받은 말만 들어 봐도 야무진 현지가 보이지요?

사랑 김지광 2학년

오늘 학교에서 운동회를 했는데 운동회가 끝나고 다른 학넌들이 하는 걸 그늘에서 보라고 했다.

그 도중에 제일 친한 친구하고 우리 반에서 좋아하는 애에 대해 말했다. 처음에 내가 말했다.

"야, 너 우리 반에서 좋아하는 애 있어?"

"너는?"

"있어."

"누군데?"

"세상엔 공짜가 없어요~~~."

"그럼 내가 암호를 낼 테니 니가 맞혀 봐. 암호를 맞히면 내가 좋아하는 사람 이름이 나올 거야. 말할게."

"배 원 바 다 수 예 박 예 예 원 수 나 빈 나"

"아! 알겠다."

"누군데?"

"배○빈."

"헉."

"걔한테 말하지 마."

"말할 거야."

"네가 정녕 죽고 싶은 게야."

"그래, 죽고 싶다."

"야, 도망치지 마."

"픽"

"잡았다."

"이제 너도 말해."

"하나, 둘, 셋."

"없어."

"야, 장난치지 마."

"말할게."

"너랑 똑같아."

"그러니까 너도 말하지 마."

"알았어." (5.3)

▶ 2학년 아이들이 이런 대화를 나누네요. 깜찍하고 절로 웃음
이 나옵니다.

"세상엔 공짜가 없어요."

"네가 정녕 죽고 싶은 게야."

"그래, 죽고 싶다."

결국 배○빈을 둘 다 좋아하는군요. 친구들의 얘기를 옆에서
듣고 있는 듯 재미있습니다.

사투리 할머니 이서진 2학년

할머니가 왔다. 부산에서 왔다. 사투리를 대박 잘 쓰는 할
머니다. 나는 할머니를 미 할머니라고 부른다.

"마, 무라."

그리고

"시끄무겠다."(혼나겠다.)

"내 도."(나 줘)를 자주 쓴다.

이모랑 엄마도 할머니가 오시면 사투리를 더 쓴다. 사투리를 쓰다가 다투기도 한다.

'꽃샘추위'를 어떻게 말하는지 가지고 다투다가 부산에 전화해서 부산 이모한테 물어본 적도 있다. 우리한테도 물어봤다.

"꽃샘추위 해 봐."

귀찮아서 대답을 별로 하고 싶지 않았다.

어른들끼리 싸우는 것이 웃겼다.

(4. 23. 바람이 힘들어서 대신 해님 나온 날)

▶ 할머니가 쓰시는 부산 사투리를 그대로 쓴 게 좋습니다. 주고받았던 말을 쓸 때는 가능하면 말한 그대로 써야 합니다. 대충 머리로 만들어 쓰면 어떤 상황인지 또렷하지 않습니다. 그때 했던 입말을 살려서 쓰는 것이 중요합니다.

2. 일이 일어난 그 자리부터 꼼꼼하게

깜빡 유시안 1학년

엄마랑 마카롱 집에 갔다.

"엄마가 글쓰기 수업이 있는 걸 깜빡했다."

"앗! 큰일 났다!"

그래서 선생님께 전화를 했다.

죄송한 마음이 들어서 내가 이렇게 말했다.

"엄마, 커피 사 가자."

"선생님 커피 안 드실 수도 있어."

"그럼 초콜릿으로 하자."

"좋아!"

"시안아, 늦었어. 빨리 가자!"

"네"

나는 '그래'에 들어갔다.

"선생님, 늦어서 죄송해요."

"이거 선생님 드리려고 샀어요."

"시안아, 뭘 이런 걸 사 와."

"고마워."

그리고 수업을 했다. (2. 28. 비)

▶ 이날은 수업 시간이 되어도 시안이가 안 와 '무슨 일일까?' 생각하고 있는데 깜빡했다고 전화가 왔습니다. 늦어도 괜찮으니 어서 오라 하고 끊었는데, 이 글을 읽고 알게 되었습니다. 왜 늦었는지, 초콜릿을 시안이가 사 가자고 한 것도, 처음에는 커피를 사 올까 했던 것도 모두모두요. 일이 일어난 차례대로 잘 떠올려, 주고받은 말도 그대로 써서 잘 알 수 있었습니다. 이렇게 쓰면 글만 보고도 그때 상황이나 글 쓴 사람의 마음까지 다 알 수 있답니다.

병아리 김수진 2학년

오늘 학교 앞에 병아리 장사가 있었다.

"아줌마, 얼마예요?"

"1000원"

'만 원이 있으니까 2천 원만 써야지. 엄마가 안 된다 그러면 어떡하지? 일단 가 보자.'

"엄마, 병아리 사도 돼?"

"안 돼. 동물 중에서 병아리가 제일 싫어. 그러니까 안 돼."

"엄마야! 엄마야! 엄마야! 응? 알았지?"

"안 돼."

"병아리 기르는 게 숙제야."

"알림장 가져와 봐."

나는 알림장을 빨리 써서 가지고 갔다.

"너 지금 썼지?"

"네."

"지금 쓴 거 다 알아."

그래서 병아리를 사지 못했다. (3. 5)

▶ "오늘 학교 앞에 병아리 장사가 있었다"는 얘기부터 차근차근 쓰고 있어요. 이때 수진이 기분은 어땠을까요? 수진이는 직접 말하고 있지는 않습니다. 그래도 수진이 기분이 어땠을지 모를 사람은 없을 거예요. 이야기를 차근차근 쓰면서 주고받은 말을 그대로 써서 들려주고 있기 때문에 말속에서 수진이 마음도, 엄마의 마음도 우리가 알 수 있습니다. '속상했다. 기분 나빴다. 왕짜증이 났다. 엄마가 미웠다. 엄마를…' 이렇게 쓰지 않아도 사실을 정확하게 쓰면 그 마음까지 드러나게 됩니다.

할 일 안재연 2학년

어제 나는 5시 30분쯤에 학원이 끝이 났다. 그리고 집에 와서 샤워를 하고 20분을 쉬었다. 그러고 나니 8시다. 저녁을 먹고 나니 9시! '아~ 시간은 왜 이렇게 빨리 가나. 할 일은 하나도 안 했는데…' 이제야 할 일 시작. 먼저 영어부터 She was 살라살라~~, 영어 숙제를 끝마치고 나니

11시, 국어를 하고 나니 12시. 아암~ 졸려.

"엄마, 그만 해도 돼요?"

"어, 그래. 너무 피곤해 보인다. 그만 자. 그러니까 낮에 해 놓아야 저녁에 쉬지."

"그게 내 맘대로 돼."

나는 큰 소리로 말했다.

"그만, 쉿 언니 자잖아."

엄마가 차분하게 말했다.

"낮에는 학원 가느라 못 했단 말이야."

"그래, 그래. 알았어."

엄마는 이렇게 말하고 잠시 생각에 잠겼다.

"엄마가 미안해. 너무 학원을 많이 보냈나 봐."

"아니야, 엄마. 그래도 내 친구들은 학원을 10개 다니는 친구도 있어."

"그래? 그럼, 엄마가 내일 도너츠 사 줄게. 내일 할 일 열심히 해야 돼!"

"어, 엄마."

"엄마랑 같이 잘까?"

"어, 엄마 그래!"

나는 엄마 곁에 누워서 포근하고 차분하게 잠을 잤다.

(1. 9)

▶ 재연이는 이 글을 하나도 놓치지 않고 꼼꼼하게 잘 썼습니다. 그래서 읽는 사람이 마치 그 옆에서 보고 있는 듯합니다. 큰 소리로 말한 것, 차분하게 말한 것도 꼼꼼히 썼고요, 잠시 생각에 잠겼던 엄마 모습까지도 잘 썼습니다. "엄마가 미안해"라고 말해 주어서 마지막에 엄마 곁에 누워서 포근하고 차분하게 잠들 수 있었겠어요.

무엇을 쓸 것인지 정했다면 그 일이 있었던 때를 잘 떠올려서 그때의 느낌이나 분위기도 느껴지게 한 편 한 편 정성껏 써 보면 좋겠습니다.

겪은 일 쓰기

- 무엇을 쓸까 글감을 정합니다.
- 그 일이 일어난 차례대로 차근차근 씁니다.
- 누가, 언제, 어디서, 무엇을, 어떻게, 왜가 드러나게 씁니다.
- 본 대로, 들은 대로, 주고받은 말 그대로, 겪었던 일 그대로 씁니다.
- 주고받았던 말은 큰따옴표로 묶어 대화를 살려 씁니다.
- 내 느낌, 내 생각, 내 목소리로 씁니다.
- 글 쓴 날짜를 쓰고 날씨도 문장으로 적어 봅니다.

3. 본 것을 놓치지 않고, 사생글 쓰기

햄스터가 죽었다 박정미 3학년

우리 집에서 햄스터 두 마리를 키웠다. 그런데 오늘 햄스터 한 마리가 죽었다. 왜 죽었는지 나도 모르겠는데 너무 불쌍했다. 이빨을 내밀고 다리는 쭉 뻗고 죽었다. 어찌나 불쌍한지 눈물이 나오려고 했다. '이게 다시 살았으면 좋겠다.' 생각하고 유리창으로 보니까 비가 쏟아졌다.

그리고 다시 보니까 햄스터가 한쪽 눈을 뜨고 죽어 있었다. 그것을 보니 너무 무서운 생각이 들었다.

햄스터가 죽은 것은 내 동생이 맨날 놀라게 하고 소리를 지르니까 그런 것 같다. 나도 생명이 있는 곤충이나 동물들을 징그럽다고 죽이지 말아야겠다. (5. 10)

▶ 햄스터가 이빨을 내밀고 다리는 쭉 뻗고 죽었어요. '이게 다시 살았으면 좋겠다' 생각하며 창밖을 보니 비가 쏟아집니다. 햄스터가 죽은 날 모습이 환하게 그려집니다. 그래서 정미가 느끼는 감정이 고스란히 전해지지요. 정미는 햄스터의 죽음에서 생명의 소중함을 느꼈어요. 건성으로 스쳐 지나지 않고 자세히 머물러 보았을 때 마음이 커진답니다.

해돋이 박신영 3학년

토요일 학교가 끝나고 우리 식구는 동해 해돋이와 동굴 구경을 하기 위해 하일라 콘도로 갔다.

새벽 4시 30분쯤 일어나서 동해바다 쪽으로 해 뜨는 것을 보러 갔다. 바다에 가니 4시 50분쯤 되었다. 그런데 해 뜨는 시간이 5시 10분이었다. 그래서 20분쯤 기다렸다. 꽤 추웠다.

해가 뜨려고 하자 동쪽 수평선이 발개지기 시작했다. 그러다가 해가 윗부분부터 떴다. 마치 떠오른 윗부분이 이마 같았다.

해가 점점 나오자 파랗던 주위가 갑자기 밝아졌다. 그리고 거의 다 나오고 밑 부분에서는 갑자기 "뽕" 하고 나왔다. 그래서 해가 점점 올라오면서 하늘까지 모두 다 밝아졌다. 그리고 좀 따뜻해진 듯했다.

재미있기도 하고 신기하였다. (6. 1)

▶ 해 뜨는 모습을 또렷하게 기억해서 쓰고, 해가 완전히 떠오른 후 밝아지며 추위도 좀 물러난 듯한 그 느낌까지 놓치지 않았습니다. 잘 보는 일이 얼마나 중요한지 이 글에서도 알 수 있습니다.

글을 생생하게 하는 방법에는 대화글 살려 쓰기와 묘사하기가 있다고 말씀드렸는데 본 것을 놓치지 않고 쓰는 이런 글을 '묘사' 또는 '사생글'이라고 합니다. 사생글이란 그림을 그리듯 장면을 글로 쓰는 것을 말합니다. 겉모습을 그려 보이는 것이지만 겉모습만으로도 인물의 성격이나 사물의 본질도 알아차릴 수 있습니다. 좋은 글을 쓰려면 어떤 모습이나 상황을 잘 떠올려 쓸 수 있어야 하는데, 그러려면 먼저 잘 보는 것부터 몸에 배어야겠지요. 사생글 쓰기 공부는 사물을 자세히 보고, 정확하게 나타내는 힘을 길러 주는 공부입니다. 저학년 아이들과 함께 해 볼 수 있는 사생글 쓰기를 살펴보겠습니다.

(1) 사진이나 얼굴을 보며 글쓰기

이 아기는 누구 최수혁 2학년
이 사진은 내가 한 살 때 찍었어. 나는 핑크색 이불에 누워 내 발을 손으로 꼭 쥐고 쪽쪽 빨다가 깜짝 놀라서 사진을 찍는 엄마를 쳐다보고 있어. 깜짝 놀란 눈이 예뻐. (9. 21)

내 사진 유시안 2학년
이 사진은 내가 어린이집에서 찍은 사진이야. 책상 앞에 친구들이랑 앉아 있는데 오른쪽 여자아이는 엉엉 울고 있어. 왜 울고 있었을까? 그 옆에 있는 애는 아직도 친구인 정원이야. 정원이는 살짝 옆으로 앉아 손을 내밀고 있네. 나는 맨 왼쪽에 앉아 있는데 파란색 티셔츠를 입고 앞을 쳐다보고 있어. 이 사진을 보니까 내 어린이집 추억이 떠올라. (10.5)

이 아기가 나라고? 윤지호 2학년

이 사진은 내가 세 살 때 롯데월드 마스코트인 너구리 앞에서 찍은 것이다. 이 아기가 나인 줄 몰랐다.

파란 반팔과 반바지를 입고, 밀짚모자를 썼다. 손에는 비눗방울 총을 들고, 은색 샌들을 신고 있다. 고개를 왼쪽으로 조금 돌렸고, 얼굴은 살짝 웃고 있는 것 같다.

엄마가 롯데월드에 가서 찍은 사진이라고 했다. 나는 기억이 안 나는데.

'내가 이런 적이 있었나?' (11.15)

▶ 사진첩을 보며 어렸을 때 이야기를 나눕니다. 이런저런 사진에 얽힌 이야기들로 행복한 시간을 먼저 즐기고, 그 가운데 사진 한두 장을 골라 글로 써 보는 거예요. 언제 적 사진인지, 어디에서 찍은 것인지, 그때 어떤 일들이 있었나 들려주고 어떤 옷을 입고 어떤 자세를 하고 있는지 자세히 살펴보고 글을

쓰게 하면 흐뭇해서 어렵지 않게 글을 쓸 수 있을 것입니다.

내 얼굴 이종호 2학년

내 얼굴은 약간 통통하다. 그리고 내 맘대로 코를 벌렁거리 릴 수 있다. 그리고 입술은 약간 두껍다. 콧구멍을 크게 하고 코를 위로 올리면 진짜 돼지 코처럼 된다. 이렇게 코로 놀다보니 습관이 된다.

내 머리카락은 우리 반에서 빗자루, 전기가 오르는 머리, 고슴도치 머리로 잘 알려져 있다. 그래서 내 머리를 친구들이 자꾸 만진다. 그래서 내 머리가 자랑스럽다.

▶ 내 얼굴에 대해서 쓰려면 거울을 앞에 놓고, 얼굴형은 어떤지 눈 코 입이 어떻게 생겼는지 이야기를 나눕니다. 그리고 어디가 제일 잘생겼나, 어디가 가장 맘에 드나 살펴보고 글로 쓰면 어렵지 않게 쓸 수 있습니다.

(2) 인형 보고 글쓰기

인형 유시안 2학년

이 인형은 내 여덟 살 생일 선물로 친구에게 받은 것이다. 포켓몬스터에 등장하는 뮤이다.

몸은 연분홍색인데 쓰다듬어 주면 흰색으로 바뀐다. 뮤는 엎드려 자고 있다. 꼭 감은 눈이 예쁘다. 발바닥에는 주황색 점이 있다.

나는 포켓몬스터 인형이 많다. 꼬부기, 피카츄, 파이리, 뮤, 피카츄 작은 것, 그리고 식스테일 작은 거, 아삐꼬가 있다. 나는 인형은 다 좋아한다. 이 뮤는 생일 선물로 받아서 안아주고, 쓰다듬어 주고 했다. (10. 5)

내 인형 곰 남매 윤지호 2학년

내가 좋아하는 인형은 곰 남매다. 여자 곰은 흰색 털이 많고, 앉을 수도 있다. 남자 곰은 갈색 털이 많고, 귀가 접혔다. 둘 다 얼굴은 똑같다. 멍한 표정이지만 순한 것 같다. 눈이 털에 숨겨지기도 했다.

아빠가 다섯 살 때 제주도에서 사다준 인형이다. 지금의 보금자리는 피아노 위이지만 옛날 보금자리는 침대였다. (11. 15)

▶ 인형을 보고 무얼 어떻게 쓸까 얘기를 나눠 보세요. 동물 인형이라면 어떤 동물인지, 전체 몸 색깔은, 생김새는, 이 인형의 특징은, 이름이 있는지, 어떻게 놀았는지, 얽힌 사연도 있나 얘기 나누고 써 보면 됩니다.

(3) 밖에 나가서 잘 살피면서 쓰기

맨드라미 임유화 3학년

맨드라미는 꽃이 뭉쳐 있어 앞에서 보면 부채 모양처럼 생겼다. 잎은 길쭉하며 줄무늬가 있다. 꽃은 우리 어머니 파마한 머리처럼 생겼고, 만져보니 털이 있고 두껍기 때문에 담요처럼 느껴진다.

▶ 아파트 둘레를 돌며 이 꽃 저 꽃, 나무, 새와 개미나 벌들도 살펴보며 걷습니다. 그러다가 아이가 더 관심을 갖는 식물이나 곤충 앞에서 찬찬히 보고, 만져도 보고 쓰게 합니다.

가을 찾기 오유진 2학년

글쓰기에 와서 진화랑 낙엽을 주웠다. 단풍잎도 줍고 단풍씨앗도 보았다. 단풍씨앗은 엉덩이같이 생겼고 날개는 다리 같았다. 목련 잎도 줍고 목련 꽃눈과 잎눈을 만져보았다. 목련 꽃잎은 아주 부드럽다. 목련 꽃눈과 잎눈은 어떻게 추운 겨울을 보낼까? 난 참 궁금했다. 내 생각으로는 털이 많아서 추운 겨울을 보낼 수 있다고 생각되었다.
감나무 잎은 아직 초록색이다. 하늘도 아주 파란색이다. 아카시아 잎은 아주 부드러웠다.

가을은 우리 동네에 다 와있다. (11.5)

▶ "오늘은 가을을 찾아보자. 오늘은 봄을 찾아보자." 하고 밖에 나갑니다. 서로 찾은 가을을, 봄을 말하며 만져 보기도 하고, 냄새도 맡아 보고, 소리도 들어 보며 글을 쓰자고 하면 됩니다.

4. 긴 글도 거뜬하게

놀이공원 서민교 2학년

지난 목요일 나는 놀이공원에 갔다. 날씨는 조금 흐렸지만 갔다.

가서 김밥을 조금 먹고, 엄마에게 물어봤다.

"후룸라이드 타도 돼?"

"안 돼. 이렇게 날씨가 흐린 날은 안 돼."

"너, 회전그네 안 타면 겁쟁이라고 부를 거야."

누나가 말했다.

"싫어. 그래도 나 무서워서 못 타."

그 다음, 귀신의 집에 갔다. 바닥이 징징거리고 오싹오싹한 처녀 귀신이랑, 해골과 흡혈귀가 있었다. 박쥐도 있었다. 진짜 움직였다. 감옥에 갇혀서 탈출하려고 철을 잡고 흔들고 있는 사람도 있었다. 그 사람은 식인종 같았다. 드디어 출구에 왔다.

"우리 이제 슈퍼 바이킹 타로 가자."

누나들이 말했다.

"싫어. 난 펀 하우스 갈 거야."

"그래. 가 – 라, 가!"

누나들이 말했다.

"알았어."

"예~ 누나들 없다."

펀 하우스가 두고 보니 재미있었다. 그래서 세 번이나 갔다. 현지는 두 번 갔다.

그리고 마지막으로 내가 힘을 내서 슈퍼 바이킹을 탔다.

"나 못 타겠어."

"힘 좀 내. 너 키도 크잖아."

엄마가 말했다.

"알았어. 알았어. 가운데 탈게."

두고 보니 재미있었다.

그리고 파스타를 먹으러 갔다. 놀이공원에 갔다 오니 입맛이 더 좋아졌다.

세상에서 제일 좋은 하루였다. (4. 22. 미세먼지 왕왕 많은 날)

▶ 할 이야기가 많으면 글이 길어지겠죠. 긴 글도 차근차근 떠올려 쓰면 문제없습니다. 이 글은 놀이공원에 가서 놀이기구 타기 전에 나눈 이야기를 잘 쓰고 있습니다. 그래서 놀이기구를 겁내다가 용기를 내어 탔던 걸 잘 알 수 있습니다. 민교는 그 상황을 다시 즐기면서 힘들이지 않고 길게 썼습니다. 아이가 신이 나서 할 이야기가 많은 글감일 때는 길게 써 보는 것도 좋습니다.

놀이공원에 다녀오거나 어디 다녀온 이야기는 아이들이 쓰고 싶어 하는 글감 가운데 하나입니다. 이때 한 일을 다 쓰기보다는 그곳에서 재미있었던 두세 장면을 잡아 자세하게 쓰는 게 좋습니다.

땡 잡았다! 박재영 3학년

오늘은 필립이가 포켓몬 카드를 주었다. 어떻게 받았냐면 이렇다.

"야 필립아. 너 포켓몬 카드 있니?"

"응. 나 엄청나게 많아."

"어 진짜!? 나 포켓몬 카드 엄청 좋아하는데."

"그래? 그러면 너 다 줄게."

"진짜! 카드 너 몇 장이야?"

"한 만 장 정도? 그럴 거야. 아마도"

"그런데 나 그거 어떻게 들고 가냐?"

"통에 담겨져 있어."

"그래? 그러면 나 가져갈 수 있겠네?"

"일단 우리 집에 놀러와. 그러면 내가 나한테 있는 카드 다 줄게."

그래서 나는 필립이 집에 놀러갔다. 내가 먼저 한 말은,

"카드 어디 있어!"

그래서 필립이는 카드 박스를 열어 주었다. 나는 입이 딱 벌어졌다.

"이, 이게 다 카드야!?"

"응."

"필립아, 도대체 몇 장인지를 모르겠다."

"대충 뭐 만 개 정도?"

"너 어떻게 그렇게 카드가 많냐?"

"내가 이 카드들을, 3년 동안 모은 거야."

"한번에 5천원어치 썼어."

"너는 어떻게 카드를 3년 동안이나 모으냐?"

"어쩌다보니까"

"이걸 나한테 다 준다고?"

"응."

"정말 고맙다. 휴~ 엄청 무겁네."

그래서 나는 이 카드를 다 가지게 되었다. 나는 집에 돌아오는 길에 이렇게 생각했다.

'엄청 무겁다. 그래도 오늘은 행운인 것 같다.'

나는 정말 기분이 좋았다.

(5. 28. 다행히 창문으로 바람이 들어와서 학교에서 찜통이 되지 않았다.)

▶ 재영이가 이 글을 쓰면서 물었어요. "필립이네 집에 들어가서 처음 한 말이 뭐였게요?" 뭐였을까 생각하며 이런저런 답을 했지만 다 틀렸습니다. "카드 어디 있어!"였다네요. 그 많은 카드 앞에서 좋기도 하고 얼떨떨하기도 해서 필립에게 이런저런 말을 하는 재영이의 마음이 어땠을지 보지 않아도 알겠습니다. 아이들에게는 늘 유행하는 것들이 있습니다. 그것에 너무 푹 빠져서 욕심을 내기도 하고 온통 마음이 거기에 가 있어서 혼을 내야 할 경우도 있을 거예요. 어른들 눈에는 쓸데없는 것들이지만 아이는 밤낮으로 그 캐릭터나 카드 생각에 가 있지요. 글 쓸 때도 빠져 있는 것들에 대해서 쓰자고 하면 당연히 신나서 씁니다. 아이들이 빠져 있는 그 이야기들도 어른들 눈치 안보고 마음껏 쓸 수 있는 기회를 주세요. 글쓰기까지 한결 더 좋아하게 될 것입니다.

공개수업 이희수 3학년

오늘 공개수업을 했다.

나는 '오늘 선생님 왜 바뀌신 것 같지? 뭔가 좀 착해진 거 같아.' 생각했다. 그래서 선생님한테 물었다.

"오늘 공개수업 같은 거 해요?"

"응, 오늘 공개수업 할 거야."

"무슨 과목으로 할 거예요?"

"과학!"

그건 당연한 일이었다. 선생님이 과학 선생님이시니까.

"엄마들 오셔요?"

"응."

"공개수업 뭐 할 건데요?"

"혼합주스 만들기"

"아싸! 맛있겠다!"

공개수업 끝날 쯤에 아주 웃긴 일이 있었다.

쌤이 말하셨다.

"자 이 실험을 하고 느낀 점 발표해 보세요. 딱 두 명만 할 게요."

나는 손을 들었다.

"네, 희수"

"무슨 알로에가 알로에 탄산 같아서 완전 맛없었어요."

그리고 해정이라는 애가 발표했다.

"음료수를 섞으면 안 된다는 것을 알았어요."

그러자 애들이 웃었다.

우리 모둠은 알로에 두 통, 사이다 한 통, 콜라 한 통을 가져왔다. 그래서 알로에는 두 통이니까 두 글자, 콜라는 한 통이니까 한 글자, 사이다의 한 글자를 넣어서 이름은 '알로콜사'였다.

끝나고 애들이 섞은 음료수를 나눠 먹는데 다른 애들 것은 완전 맛없었는데 내 건 그래도 나은 편이었다. 애들이 네 거 어떻게 만드냐고 완전 맛있다고 쑥쑥 잘 팔렸다. 그 덕에 내가 먹을 건 없고 통이 싹 비었다. 다음에는 빨리 애들이 달라기 전에 내가 먹어야겠다. 안 그러면 내가 먹을 건 없기 때문이다.

(아침에는 완전 춥고, 점심에는 체육 해서 완전 덥고, 저녁에는 완전 죽을 것 같아.)

▶ 공개수업을 하는 날이면 선생님도 학생들도 설레고 더 열심히 공부를 하지요. 희수는 딱 알았어요. 선생님 옷차림부터 좀 달랐거든요. '오늘 선생님 왜 바뀌신 것 같지? 뭔가 좀 착해진 거 같아.' 생각했어요. 선생님과 나눈 이야기도, 혼합주스를 어떻게 만들었는지, 그 맛은 어땠는지까지 하나하나 빠트리지

않고 신나서 썼습니다. 이렇게 내가 쓰고 싶은 글감을 정해서
차근차근 쓰면 긴 글도 뚝딱 쓰게 됩니다.

긴 글과 짧은 글에 대해서

대체로 부모님들은 짧은 책보다는 긴 책 읽는 걸, 짧게 쓴 글보다
는 길게 쓴 글을 반기고 칭찬합니다. 그렇지만 아이들의 호흡은 긴
것보다는 짧은 것이 편하고 마음껏 즐기기에도 만만하니 좋지요.
글쓰기도 작고 시시한 이야기들을 산뜻하게 쓰면서 쓰는 재미를
알아 가는 게 좋습니다.

글의 길이는 중요하지 않습니다. 써야 할 이야기가 짧으면 짧게,
길면 길게 쓰는 것이지요. 그런데 어느 정도 글쓰기가 만만해지고
겪은 일 쓰기를 거뜬히 잘할 수 있게 되면 진짜 쓸 얘기가 많을 때,
신바람이 나서 줄줄 쓸 수 있는 이야기를 한번쯤 길게 써 보는 경
험은 아주 소중합니다.

길게 글을 쓰고 나면 아이들의 자신감은 엄청 높아집니다. 엄마에
게도 친구들에게도 자랑하고 싶어 하고 그 후에 글 쓰는 태도도 당
당해집니다. 그러나 매번 길게 쓰기를 은근히 바라게 되면 글은 알
맹이 없이 늘어지고 글쓰기는 점점 부담스러워져 글과 멀어지게
될 확률이 높습니다.

글을 다듬는 방법

아빠 최수혁 2학년

"나, 나간다."

"다녀오세요."

'나나나 나나 나나나 나나나나 나나나나 나나나'

"아빠 보고 싶어요. 빨리 오세요. 알았죠?"

① 언제 있었던 일이지요? : 지난 목요일이요.

② 수혁이가 뭐 하고 있을 때 아빠가 출근을 하셨나요? :
엄마랑 공부하고 있었어요. 아빠가 "나 간다" 해서 완전
슬픈 목소리로 "다녀오세요" 했어요.

③ 아빠가 출근을 해서 슬펐나 봐요. 왜 그랬을까? : 네. 아빠랑 무슨 건물을 만들려고 했는데 출근을 해 버려서 공부 끝나고 방으로 들어가서 슬픈 노래를 부르면서 큰 베개를 껴안고 "아빠 보고 싶어요" 하며 울었어요. 베개에서 아빠 냄새가 났어요. 그때 엄마가 들어와서 "수혁아, 왜 울어? 엄마가 안 안아 줘서?" 그래서 나는 엄마에게 들킬까 봐 "어" 했어요. 사실이 아니지만 엄마가 꼭 안아 줘서 울음을 그쳤어요.

④ 아하, 그랬구나. 이렇게 차근차근 이야기를 들려주니까 어떻게 된 일인지 제대로 알겠네요. 아빠가 이 사실을 알면 수혁이를 꼭 안아 주실 것 같아요.

▶ 궁금한 곳을 차근차근 물어 가며 수혁이가 들려주는 이야기를 받아 적었습니다. 그러고 나니 상황이 선명해졌습니다. 받아 적은 글을 아이에게 보여 주고 공책에도 붙여 주었습니다.

아빠

지난 목요일에 내가 엄마랑 공부하고 있을 때 아빠가 출근을 해버렸다. 아빠랑 무슨 건물을 만들려고 했는데 출근을 해버렸다.
"나, 나간다."

나는 완전 슬픈 목소리로 "다녀오세요." 인사했다.

공부 끝나고 방으로 들어가서

'나나나 나나 나나나 나나나나 나나나나 나나나'

슬픈 노래를 불렀다.

큰 베개를 껴안고 울었다.

"아빠 보고 싶어요. 빨리 오세요. 알았죠."

베개에서 아빠 냄새가 났다.

엄마가 들어왔다.

"수혁아, 왜 울어? 엄마가 안 안아줘서?"

나는 엄마에게 들킬까봐 "어" 했다. 사실이 아니지만.

엄마가 꼭 안아줘서 울음을 그쳤다. (3. 14)

▶ 아이들은 완성된 글을 보며 흐뭇해하기도 하고, '아, 이렇게 쓰면 되는구나' 알아 가기도 합니다. 글을 쓸 때 아이 스스로 느끼는 성취감이나 만족감은 아주 중요합니다. 그래서 가끔은 이렇게 묻고 답한 이야기를 어른이 받아 적어 정리해서 보여 주는 것도 좋습니다.

나빠! 나빠! 이미정 2학년

학교를 가는 날 위험할 일이 있을까? 오늘도…. 그래도 힘을 내야 해! 남자가 여자를 깔볼 수 없도록 혼을 내줘야지! 흥! 흥! 흥!

책 읽는 시간, 책을 읽어야지! 이거 너무 재미있는 책이네. 우와~ 근데 송영길이 '툭' 치고 갔다. "뭐야~" "내가 뭘~" "네가 먼저 쳤잖아. 네가 뭔데 책 읽는 사람을 괴롭혀. 싫어 너 선생님한테 다 이를 거야! 흥! 괜히 여자애들이나 울리고."

① 언제 있었던 일이지요? : 오늘 아침 책 읽는 시간에요.
② 송영길이 미정이를 좋아하나 봐. 어떻게 괴롭혔어? : "남자 친구 편지 받았대요." 이렇게 자꾸 놀려서 기분이 엄청 나빴어요. 사실 그 편지는 영원이가 생일 초대장을 준 거거든요.
③ 정말 화났겠네. 그래서 어떻게 했어요? : 선생님한테 일르러 가려고 하니까 그때서야 "미안해" 했어요.
④ 진짜 영길이 '나빠! 나빠!'네요. 지금 들려준 얘기 그대로 쓰면 억울하고 짜증 났을 마음을 더 잘 알 수 있겠어요.

나빠! 나빠!

오늘 아침 공부 시간에 내가 책을 보고 있는데 영길이가 "남자 친구 편지 받았대요." 이렇게 자꾸 놀렸다. 기분이 엄청 나빴다. 그 편지는 영원이가 생일 초대장을 준 것인데 놀렸다.

또 3, 4교시에는 툭 쳤다.

"뭐야?"

"내가 뭘?"

"네가 먼저 쳤잖아. 네가 뭔데 그래? 너 선생님한테 다 이를 거야. 괜히 여자애들이나 울리고."

"그래 일러라."

그래서 내가 일르러 가려니까 그제서야 "미안해" 하였다.

개학 4학년

오늘은 개학날이다.

그런데 개학이면 특별대우를 해줘야지 오히려 찜통 속에서(운동장) 아예 훈련을 하고 있었다. 개학 첫날부터 지옥 훈련을 받으니 진짜 짜증난다.

이번 개학식은 진짜 짜증난다.

'개학 첫날부터 이게 뭐야?'

이런 생각이 들 정도로 짜증났다.

▶ 보통의 3, 4학년 친구들이 글쓰기가 귀찮을 때 이렇게 하고 싶은 말만 쓰고 맙니다. 개학식이라면 아침에 했을 것 같은데 어떻게 찜통더위 속에서 했고, 어떻게 했길래 지옥 훈련을 받

았다고 하는지 쓰지 않고 짜증 난다는 말만 계속하고 있습니다. 개학식에서 있었던 내용을 차근차근, '누가, 언제, 어디서, 무엇을, 어떻게, 왜'를 밝혀 가면서 쓰면 누구나 공감할 수 있었을 것입니다. 아이들은 잘 쓰다가도 이렇게 대충 쓰고 말 때도 있습니다. 늘 잘 쓸 수는 없는 일이지요.

뜨개질 4학년

화요일마다 뜨개질을 한다. 정말 재미없다. 왕따가 잘난 척하고 수업이 딱딱하다. 이런 데가 뭐가 재미있냐? 바보도 돈 처내고 못 가겠다.

그 왕따가 잘난 척만 한다. 게다가 얼굴은 슈렉보다 못생기고 성격은 미친개보다 심하다.

수업은 어찌나 재미가 없던지 부시가 미국의 모든 돈을 줘도 못하겠다. 정말 화요일 싫다.

▶ 화요일마다 하는 뜨개질 시간에 잘난 척하는 친구 때문에 화가 많이 나 있지요? 화가 너무 많이 난 나머지 냉정함을 잃고 과격하게 쓰고 있어요. 글을 읽는 사람도 '이 친구 정말 잘난 척하네. 다른 친구들이 열받겠어.' 하고 느낄 수 있으려면 어떤 상황에서 그 친구가 어떻게 잘난 척하는지 쓰면 되겠지요. 그렇지만 이 글은 아이의 속상함에 공감과 위로가 먼저여서 글

다듬기는 하지 않고 말로만 "그 친구가 진짜 어떻게 했는지를 쓰면 안 본 사람도 이 친구 잘난 처하네 하겠지?" 정도의 이야기만 나누었습니다.

글을 늘 이렇게 다듬을 필요는 없습니다. 매번 한다면 오히려 아이의 자신감이 떨어지거나 글쓰기를 싫어할 수도 있습니다. 아이가 너무 같은 패턴으로 글을 슬렁슬렁 쓴다 싶을 때 한두 번, 열심히 썼고 조금만 더 살펴 주면 정말 멋진 글이 되어 아이도 흐뭇해할 만한 글을 썼을 때, 이렇게 덧붙이는 연습을 하면 좋아요.

초등 1, 2학년들에게는 '누가, 언제, 어디서, 무엇을, 어떻게, 왜'를 따져 가며 써야 좋다는 얘기가 큰 부담으로 다가가기도 합니다. 그걸 자꾸 강조하다 보면 긴 글 쓰는 걸 피하고 시를 쓰겠다고 할 때도 있습니다. 그럴 때는 "좋아. 이대로도 좋아." 하며 한 발 뒤로 물러나는 지혜도 필요합니다.

글을 지우고 다시 쓰라고 하는 건 절대 하지 않아야 합니다. 처음 쓰는 것도 힘이 들었는데, 그래도 참고 했는데, 지우고 다시 쓰라고 하는 건 아이 처지에서 보면 정말 화가 나는 일이니까요.

글 쓸 때 옆에서 도와주기

롯데타워 최현오 2학년

오늘 롯데타워에 갔다. 가는데 30분 정도 걸렸다. 가까이
가 보니까 별로 안 커 보였다. 롯데타워 지하 1층에서 1층
까지 올라갔다. 아쿠아리움에서 가재도 샀다.

밥을 먹고 118층으로 올라갔다. 경치가 아주아주아주아
주~~~~ 좋았다. 118층까지 가는데 1분이 걸렸다. 유리
로 된 바닥이 있는 곳이 있었는데 올라가면 심장이 쫄깃
한 기분이고 무서웠다. 거기에서 사진을 찍을 때 몸이 떨
렸다. 그리고 거기에서 슬러시도 먹었다. 그리고 구경을
다 하고 1층으로 내려와 다시 집으로 갔다.

▶ 현오가 롯데타워에 다녀온 이야기를 이렇게 썼습니다. 이 글을 읽고 이 가운데 가장 기억에 남는 일은 무엇인지 물었더니 가재 산 이야기라고 했습니다. 어떻게 가재를 사게 되었는지 그 이야기만 써 봤습니다.

가재 산 이야기

롯데 타워에 갔을 때 아쿠아리움에서 가재를 샀다. 가재를 파는데 귀여웠다. 그래서 엄마한테 사달라고 졸랐다. (쓰는 걸 보면서 "뭐라고 졸랐어?" 물어 줍니다.)

"엄마, 제발 사주면 안 돼!" (아하! 그렇게 말했구나.)

형도 졸랐다. (어떻게?)

"아, 엄마, 제발 하나만 사 줘." (오호! 좋아요.)

엄마가 말했다. (뭐라고?)

"아, 됐어. 그딴 거 사가지고 뭐 하려고. 나중에 쳐다도 안 보고, 또 죽일 거잖아. 개미도 그랬고, 개구리도 그랬고…." (이쯤에서는 스스로 이야기를 펼쳐 갑니다.)

"아, 엄마. 개미는 통에 젤리가 있어가지고 땅을 파면서 먹는다고 했는데 그래서 밥을 안 주었는데 그렇게 된 거잖아."

"그리고, 개구리는 봐 줄라고 했는데 개가 갑자기 죽어버린 거고…."

"그리고, 우리가 개구리 키우는 환경을 몰라서 그랬지. 70%를 땅으로 해주고, 30%를 물로 해줘야 했는데 땅을 10%로 해주고 물을 90%로 해서 죽은 거잖아. 저 가재는 환경이 갖춰져 있잖아. 엄마, 제발 사주면 안 돼!"

엄마가 말했다. (뭐라고?)

"안 돼. 절대 안 돼. 네버~"

그러자 아빠가 엄마한테 말했다. (오, 뭐라 하셨어?)

"그냥 사주면 안 돼? 재네들이 잘 키운대잖아. 이번 한 번만 믿고 사줘보자."

"아, 진짜 싫은데. 재내들 또 죽일 거라고."

엄마는 계속 반대했는데 아빠가 말했다.

"얘들아, 아빠가 사줄게. 저것 또 죽이면 그때는 절대 안 사줄 거야. 알아들었어?"

"네에~"

우리는 동시에 대답했다. 그렇게 해서 가재를 데리고 왔다.

가재는 자갈을 파서 보금자리도 만들고 먹이도 잘 먹었다. 아침에 열 알, 저녁에 열 알, 모두 합해서 하루에 20알이다.

잘 지내고 있다. (와아, 실감난다! 너무 좋아!) (8.6)

▶ 가재를 두고 엄마와 아들들의 실랑이가 팽팽하지요? 아이가 글을 쓰는 옆에서 이렇게 흥을 돋워 주면서 물어봐 주면 아이들은 어렵지 않게 그 상황을 떠올려 글을 씁니다.

글다듬기 사례를 보면 주로 '어떻게'를 자세히 쓰도록 도와준 걸 아실 거예요. 아이들은 보통 이야기의 줄거리만 써서 상황이 잘 드러나지 않게 글을 씁니다. 자신은 그 일을 다 아니까 자세하게 밝혀 쓸 필요를 못 느끼기도 하고, 학교에서 겪은 일 쓰기 공부를 중요하게 배우지 못한 까닭도 있습니다. 그렇지만 아이들에게 자꾸 지적을 하면 글쓰기를 싫어하거나 '나는 글을 못 쓰는구나' 의기소침해질 수도 있으니 또래들 글을 보면서 "이 아이는 이렇게 썼구나. 어땠는지 잘 알겠어. 이 글은 왜 그랬는지 잘 모르겠네." 이런 식으로 이야기를 나누며 공부하는 것도 좋은 방법입니다.

4장

아이가 쓴 글을
어떻게 봐야
할까요?

어론의 기준에서 벗어나
아이의 상황을 먼저 살피기

지금 아이들은 출발선에 서 있습니다. 우리가 아이 글을 어떻게 바라보고 평가하느냐에 따라 글쓰기를 즐길 수도, 싫어할 수도 있습니다. 보통 우리는 글에 대해서 높은 기대치를 가지고 있습니다. 그래서 우리 어른들도 글을 쉽게 쓰지 못하고 지내는지도 모릅니다. 그런데 그 기준을 어린 친구들의 글에도 그대로 적용하는 걸 쉽게 봅니다. 많은 분이 내 아이가 말을 할 때는 당연하게 아이 그대로를 받아 주다가도 아이가 쓴 글에는 어른이 쓴 듯한 수준의 내용이나 짜임을 요구합니다. 독후감이라면 책 내용도 잘 요약하고, 저만의 느낌이나 생각도 척척 써내기를 바라지요. 일기 같은 생활글도 앞뒤 내용이 빈틈없이 이어지고, 의젓하고 반듯한 생각을 담아 쓰기를 바랍니다.

거기다가 친구들의 글과 견주어서 내 아이 글을 평가하기도 합니다. 친구가 쓴 글은 번듯하고 술술 읽히는데, 우리 아이 글은 빈약하고 생각도 어려 보이기도 하지요. 부모님들은 아이가 글을 좀 더 잘 썼으면 하는 마음에 흔쾌하게 공감해 주지 못하고 잔소리에 지적도 합니다. 아이들은 저마다 성장 속도도 다르고, 기질에 따라 좋아하고 잘하는 것도 다른데 말이죠.

아이 글을 바라보는 기준은 '지금 우리 아이가 쓸 수 있는 만큼'이어야 합니다. 아이답게 쓴 글, 내 아이가 쓸 수 있는 만큼이 최고의 글입니다. 어른의 기준에 맞추어, 또는 친구의 글과 견주어서 아이 글을 평가하는 일은 아이를 쪼그라들게 하고 글쓰기와 멀어지게 하는 지름길입니다. 아이가 '진짜 마음'을 자기가 '쓸 수 있는 만큼' 쓸 수 있게 도와주세요. 어떤 경우에도 지금 우리 아이를 놓치지 마세요.

저는 아이들에게 글은 '진짜 내 마음'을 써야 한다고 말합니다. 거짓 마음, 눈치 보며 착한 척, 반성하는 척, 훌륭한 척 쓰는 글은 가짜라고요. 진짜 내 마음을 써야 글을 읽는 사람도 사정을 잘 이해할 수 있고, 글 쓴 사람도 당당하고 후련한 마음이 되니까요. 거짓이 아닌 글, 진짜 마음이 담긴 글은 조금 서툴다 싶어도 사람의 마음을 움직입니다.

자랑스러운 일뿐만 아니라 속상하고 억울하고 부끄러운 일까지도 다 쓸 수 있게 격려해 주세요. 그래야 글을 쓰며 후련해지거나 마음을 추스를 수 있는 기쁨을 알게 되지요. 혹 객관적이지 않고 자기에게 유리하게만 썼다 해도 일단 쓴 글로 꾸중을 해서는 안 됩니다. 어른들이 이런 이야기를 쓰면 싫어하더라, 혼내더라 이런 경험이 쌓이다 보면 아이는 말문이 막히고 적당히 얼버무려 꾸며 쓰는 글쓰기에 익숙해집니다. 글은 적당히 꾸며 써서 어른들에게 칭찬만 받으면 된다는 생각을 하게 되지요. 아이가 하고 싶은 이야기를 마음껏 쓸 수 있도록 너그럽게 바라봐 주시기 바랍니다.

짝 바꾸기 김재아 1학년

나는 '김승현'이라는 친구와 짝이 되었다. 나는 '김승현' 친구가 좋았는데 소원이 이루어진 것 같다. 나는 '승현'이와 짝이 되었지만 부끄러워서 아무 말도 못했다. 나는 승현이가 말을 해서 대꾸를 했다. "나는 저 노래가 '떴다떴다 비행기'인 줄 알았다"고 해서 나는 바로 "그래. 히히"라고 말하였다. 승현이가 짝이 되어서 꿈같은 날이었다. (12. 5)

▶ 이 글을 읽으며 재아를 꼭 안아 주고 싶었습니다. '진짜 자기 마음'을 보여 줬기 때문이지요. 조금은 감추고 싶기도 하고, 그때는 드러내지 못했던 속마음까지 썼습니다. 이런 진짜 마음이 담긴 글을 읽으면 절로 빙그레 웃게 됩니다. 마음이 열리는 것이지요.

빼빼로 박재영 3학년

오늘은 내 여자 친구에게 빼빼로 선물을 주었다. 그때 나는 잘 감추어두고 학교가 끝날 때 주었다. 나는 3교시쯤 오늘 수업 끝나고 줄 게 있다고 말했다.

나는 수업이 다 끝날 때 이정원을 불러 복도로 나갔다. 그런데 정원이가 가방을 들고 오지 않아서 어떻게 줘야 할지 몰라 이렇게 말했다.

"어떻게 하지?"

그러자 정원이가 "저 실내화 가방에 담아줘"라고 했다.

나는 복도에 걸어놓은 실내화 가방에 빼빼로를 넣어주었다. 정원이는 고맙다고 하고 웃었다. 나는 들키지 않고 잘 간직하며 있었던 것이 자랑스럽다.

내가 빼빼로를 어젯밤 11시쯤 챙겼다. 내가 가방에 넣을 때 줄 생각으로 흐뭇했다.

오늘은 마지막으로 "잘 가" 인사를 하고 싶었는데 안타깝다. 정원이가 밥을 늦게 먹어서 나는 피구 하러 가야 하는데 약속을 깰 수도 없고 그래서 어쩔 수 없었다. 그때 조금 서운했다. 그래도 빼빼로를 전해주어서 행복하다.

(11. 12. 집에 왔을 때 문 손잡이를 잡았을 때 손이 붙을 뻔했다.)

▶ 여자 친구에게 빼빼로를 전해 주고 흐뭇했던 이야기입니다. 빼빼로를 준비하고, 조용히 복도로 불러 빼빼로를 건넨 과정도 자세히 잘 썼고요. 그날은 헤어지며 "잘 가" 인사를 하고 싶었는데 못 해서 안타까웠지만 행복했다고 하네요. 진짜 마음을 쓴 게 참 사랑스럽습니다.

눈치 보며 놀기 박보린 3학년

난 인형을 갖고 놀이를 할 땐 우선 마루 분위기를 살핀다. 왜냐하면 엄마가 텔레비전을 주의 깊게 보시면 노는 것이고, 아무래도 불안하면 가만히 앉아 있는다.

어제는 오빠와 모은 딱지를 가지고 놀고 있었는데 엄마가 침대에 누워 계시다가 갑자기 나오셔서는 화가 난 목소리로 "너희들 공부도 안 하고. 알아서 해" 하시는 거였다. 우리는 공부를 다 하고 노는 것인데 정말 싫다.

그리고 선생님 놀이, 인형놀이, 소꿉장난을 하면 "보린아! 너는 3학년이나 된 게 그렇게 유치하게 노니?" 이렇게 말씀하신다. 그러니 모, 제대로 놀 수가 있나.

내 방에서 몰래 놀 때 의자에 걸쳐놓은 잠바가 땅에 끌려서 발소리 비슷한 게 나서 재빨리 인형들을 책상에 있는 정리함에다가 곧바로 쑤셔 넣은 적도 있다. 그 정도로 엄마가 아닌데도 심장이 불안하다. 정말 눈치 한 번 안 보고 편안하게 24시간 내내 놀면 좋겠고, 어린 나이로 돌아가고 싶다. (12.29)

▶ 진짜 그랬겠구나 싶습니다. 그런데 사실 보린이는 이 글을 엄마에게 보일까 말까 고민하다가 문집에 넣어 보여 드렸는데 엄마가 보고 막 웃으며 "보린아, 그렇게 눈치 보고 살았어? 그

럴 필요 없어. 네 할 일 다 했으면 마음껏 놀아도 돼" 이렇게 말
씀해 주셨다고 했어요. 진심을 담아 정성껏 쓴 글은 말보다 더
서로의 마음을 깊이 나눌 수 있지요.

2. 따뜻한 마음을 담아서

불쌍한 참새 송주현 1학년

학교 끝나고 3단지 놀이터에서 진헌이 참새가 아파서 땅
에 떨어진 것을 발견했다. 아주아주, 아주아주 불쌍했다.
깃털은 부드러웠다. 참새를 꽃 앞에 묻어주면 아주 좋겠
다고 생각했다. 참새가 불쌍했다. (10.19)

▶ 우리 친구들 모두 이런 마음일 거예요.

짝 황현지 1학년

우리 반에 전학 온 사람이 있다. 근데 기분이 이상하다. 왜
냐하면 윤영진이 전학 간 자리에 새 친구가 와서 그렇다.

▶ 전학 간 친구를 생각하는 마음이 참 따스하네요.

준영아, 정우야, 영찬아, 도윤아 친하게 지내자
서민교 2학년

나는 오늘 학교에서 다람쥐 놀이를 했다. 도윤이랑 영찬이가 화가 났다. 정우가 "우우"를 했기 때문이다. 내가 말했다.

"정우야, 그러면 안 되지."

내가 또 말했다.

"친하게 지내자."

"알았어."

그래서 넷이랑 친해졌다. 미끄럼틀도 타고 카우보이도 했다. 오늘은 재미있는 하루다. 쉬는 시간마다 놀았다. 놀이터에 가서 같이 놀았다. 그네도 타고 미끄럼틀도 타고 시소도 타고 놀았다.

"영찬아, 정우야, 도윤아, 준영아, 안녕. 내일 만나자."

손잡고 같이 갔다. (7. 3)

▶ 친구를 놀려 화나게 한 친구를 달래서 사이좋게 놀았군요. 함께 노는 모습이 흐뭇합니다. "손잡고 같이 갔다"는 말에 정말 즐겁게 놀아 기분 좋아진 걸 알겠습니다.

엄마의 생신 박재영 3학년

오늘은 엄마의 생일이었다. 나는 처음에 어떤 선물을 줄지 고민했다. 이걸 줄까, 저게 좋을까 고민을 했다. 그렇게 계속 시간만 흘렀다. 결국은 학교 친구들에게 물어보기로 했다. 그런데 애들은 카드를 추천했다. 그래도 나는 카드만으론 부족하다고 느꼈다.

'아니야, 카드로는 뭔가 허전해.'

그렇게 생각하다가 5시가 넘었다. 그때까지 난 계속 생각하고 있었다. 그래도 좋은 선물이 떠오르지 않았다.

"으아악! 도대체 선물을 뭘로 해야 돼."

그때 갑자기 머릿속에 지나가는 것이 있었다. 나는 엄마 선물이 이거면 좋겠다는 생각이 들었다.

'엄마가 꽃 한 송이를 주면 행복하실 거야.'

나는 그래서 퇴근하고 오신 아빠와 같이 큰길 건너서 꽃을 사러 갔다. 빨간 장미꽃 한 송이를 샀다. 그걸 들고 오면서 나는 뿌듯했다.

엄마에게 드리니 엄마는 정말 기뻐하셨다. 오늘은 정말 뿌듯한 하루였다. (2.4)

▶ 엄마의 생신에 카드 말고 무언가 더 주고 싶은 착한 아들! 엄마가 정말 기뻐하셨을 거 같아요.

거짓말 박재영 3학년

어제 내가 아이폰으로 게임한 것을 들켜 엄마에게 혼이 났다. 내가 엄마 거 액정이 깨진 아이폰을 찾았을 때는 몇 달 전이었다. 그냥 학교 홈페이지를 들여다보다가 뭔가 보이길래 봤더니 아이폰이 있었다. 난 그래서 거기에 있는 게임을 했다. 하지만 거짓말은 들킬 수밖에 없었다. 나는 3주 동안 책 보는 척하면서 게임을 했다. 그치만 어느 날 엄마가 CCTV로 무언가가 반짝이는 걸 봤다. 그래서 집에 엄마가 오자마자 이렇게 말했다.

"너 오늘 게임기 들고 있었지?"

나는 들킬 것 같았다. 온몸이 뜨거워지고 심장 박동이 빨라졌다. 나는 재빨리 이렇게 말했다.

"아니야. 그거 과자봉지였어."

나는 이때까진 괜찮았다. 그런데 다음 날 엄마가 CCTV를 돌려서 내가 게임 한 걸 다 본 것이다. 그래서 나는 저녁에 반성문을 썼다. 이렇게 나는 핸드폰을 들켜 버렸다.

(1. 14. 오늘은 아이스박스에서 꺼내져 가지고 따뜻해졌다.)

▶ 재영이는 어떻게 아이폰을 갖게 되었는지, 엄마에게 걸리게 된 까닭도, 거짓말을 하다가 들통 난 일도, 그때 온몸이 뜨거워지고 심장 박동이 빨라진 상황도 썼습니다. 얼렁뚱땅 쓰지 않고 정확하게 글을 쓸 때 그때 상황과 자신을 살피는 힘이 커질 수 있습니다.

돼지 저금통 돈 빠진 날 문준호 3학년

오늘 나는 엄마가 준영이를 어린이집에 데려다주는 것을 확인하고 돼지 저금통에 다가가서 돈을 많이 뺐다. 8천 원짜리 카드를 사기 위해서였다. 5백 원짜리 16개를 빼서 엄마 모르게 8000원을 숨겨 두었다. 내가 갖고 싶은 물건을 사게 돼서 기분이 좋았지만 한편으로는 돼지 저금통에게 미안했다.

그러나 결국은 엄마에게 들키고 말았다. 나는 심장이 철렁거리는 것을 느꼈다.

"이 돈 어디서 났어?"

"한두 개는 땅바닥에서 주웠고, 나머지는 저금통에서 꺼냈어."

"준호야, 자신 있게 엄마 눈을 바라보며 솔직히 말해 봐. 안 혼낼 거야."

정말로 엄마가 화내지 않고 얘기하셨다. 그래서 나는 결국 솔직히 털어놓았다. 엄마는 그건 나쁜 짓이라고 하시면서 내 동생 저금통에다가 넣으라고 하셨다. 나는 내 동생 저금통에다가 8000원을 모두 넣었다. 마지막 남아있는 돈까지 넣을 때 조금 눈물이 나왔다.

엄마는 "피아노 가기 전까지 진짜 네가 갖고 싶은지 생각해보고 말해" 말씀하셨다. 그러나 나는 차마 말을 못하고 "엄마, 다녀오겠습니다." 말했는데 엄마는 내가 힘없이 말하는 걸 보고 내 마음을 알고 나에게 10000원을 주셨다. 나는 너무 기뻤다. 한편으로는 엄마께 너무 고마웠다. 나는 카드를 사고 기분 좋게 집으로 왔다. 엄마! 고맙습니다. (2. 25. 봄이 온 것 같다.)

▶ 갖고 싶은 것을 사고 싶어서 엄마 몰래 슬쩍 하는 일은 아이들이 커 가는 통과의례 같은 것일 수 있습니다. 준호가 이 이야기를 떳떳하고 분명하게 쓸 수 있었던 가장 큰 힘은 어디에 있었을까요? 저는 아이를 있는 그대로 봐주고 이야기를 나누는 어머니의 태도라고 봅니다. 어떤 글을 써도 엄마에게 혼나지 않는다는 믿음이 있는 아이는 솔직하게 눈치 보지 않고 쓸 수 있습니다. 커 가는 자녀와 앞으로도 계속 잘 소통하며 지내기를 원한다면 어떤 이야기도 털어놓을 수 있는 관계를 어렸을 때부터 만들어 나가야겠지요.

산타 선물 이선우 3학년

크리스마스가 되기 전 나는 산타 할아버지에게 핸드폰, 금고, 저금통, 스피커를 받고 싶다고 편지를 썼다. 크리스마스이브 날 편지를 선물 넣는 양말 안에 넣고 잤다. '산타 할아버지가 핸드폰을 줬으면 좋겠다' 하고 생각하며 잤다.

다음 날 일어나보니 선물이 머리 위에 있었다. 스마트폰인 줄 알고 기대했는데 스마트폰이 아니고 스피커였다. 그 선물을 들고 거실로 가서 엄마, 아빠한테 말했다. "선물 받았어." 엄마, 아빠가 웃으며 "잘 됐어"라고 하셨다. 그런데 나는 실망했다.

다음 날 엄마가 청소를 하다가 2개의 선물을 더 찾았다. 뭐냐면 금고와 저금통이다. 좋았지만 거기에도 핸드폰이 없어서 아쉬웠다. 다음 해에 받아야 되겠다.

(1. 2. 귀가 따가웠다.)

▶ 아이랑 이야기 나누면서 아쉬운 마음도 써 보라고 해 보세요. 글을 보며 "그래, 다음 해에는 꼭 핸드폰 주실 거야" 다독다독해 주면 아쉬웠던 마음도 한결 가벼워질 거예요.

혼나서 쫓겨났던 일 최지우 2학년

예전에 엄마가 "너희들 엄마 일어날 때까지 숙제 안 하면 혼나!"라고 주무셨다.

우리는 엄마가 완전히 잠들고 나서 티브이를 보고 놀았다. 그리고 소파에서 쿵쿵거리면서 뛰어놀았다. 많이 놀았다. 그런데 엄마가 일어났다. 엄마가 "너희들 할 거는 다 했니?"라고 물으셨는데 우리는 "아니요…." 엄마가 "한 것 가져와!"라고 했는데 우리는 못 가지고 왔다. 왜냐하면 아무것도 못 했기 때문이다. 엄마는 화난 듯이 "이 집에서 나가!"라고 말하셨다.

우리는 빨리 나갔다. 집 문 앞에서 서 있었다. 나는 "언니 우리 어떡해?"라고 물었다. 그런데 언니는 "뭘 어떡해. 쫓겨난 거지. 그러니까 놀지 말았어야지!" 나는 "언니도 놀았잖아!"라고 말했다. 밖에는 너무 추웠다. 나는 대문에다가 귀를 대 봤는데 아무 소리도 안 났다. 나는 속으로 '엄마가 자나?'라고 했다. 언니랑 밖에서 오들오들 떨었다. 앞집이 갑자기 문을 열 때 우리는 6층으로 올라갔다. 우리는 앞집이 간 다음에 내려왔다.

나는 대문을 '똑똑' 하고 두드렸는데 엄마가 열어주더니 "이제부터 숙제 다 안 하고 놀면 안 돼"라고 말했다. 우리는 "네" 대답하고 들어갔다. 엄마가 문을 열어주어서 참 다행이라고 생각했다. (1. 9. 가방이 날라갈 때까지 춥다.)

▶ 아이와 지내다 보면 정말 혼을 내야 할 일들이 있지요. 벌도 주고 문밖으로 쫓아 보기도 하고요. 아이들은 처음엔 혼났거나 부끄러운 이야기들은 잘 말하려고 하지 않습니다. 물론 글도 안 쓰고 싶어 하고요. 그런데 이런 일을 나만 겪었던 게 아니란 걸 이야기나 보기글을 통해 알게 되면 씩씩하게 그런 이야기들도 풀어놓습니다. 그러면서 모두 하하 웃기도 하면서 무겁던 마음을 털어 내기도 합니다. 엄마한테 혼나고 쫓겨나 본 적 없는 사람도 거의 없을 거예요. 혼났던 이야기들도 거침없이 쓸 수 있게 마당을 펼쳐 주세요.

4. 내 의견도 자신 있게

엄마한테 하고 싶은 말 이종호 2학년

엄마, 용돈 좀 주세요. 그리고 수학 경시 대회에서 1등 한다고 꼭 좋은 것이 아니에요. 2등도 좋은 거예요. 그리고 3등도 좋은 거예요. 열심히 하기만 하면 돼요. 그렇지요? 그리고 미니카 좀 빨리 꺼내주세요. 그리고 예상 문제는 금요일까지만 할래요. 엄마, 이 아들의 말을 잊지 마세요.

(6.28)

▶ 세상에서 제일 좋은 엄마, 그런데 어떨 때는 세상에서 가장 무서운 사람이 엄마이기도 하지요. 엄마에게, 또는 아빠에게 하고 싶은 이야기도 마음껏 쓸 수 있게 해 보세요.

피아노 숙제 싫어요! 손지영 2학년

나는 피아노 가는 것과 숙제 또 피아노 치는 걸 제일 싫어한다. 피아노 선생님께 하고 싶은 말은 세 가지가 있다. 한 가지는 "피아노 못 치면 화도 내지 말고, 등을 '철썩' 때리지도 마세요. 왜냐하면 너무 선생님이 무서워요!" 피아노 선생님께 하고 싶은 말 두 번째, "숙제 조금 내 주세요!" 피아노 선생님께 하고 싶은 말 셋, "숙제는 싫어요!"

▶ 피아노 선생님이 지영이 글을 읽는다면 "지영아, 그랬구나. 알았어, 미안해. 앞으로는 안 그럴게. 대신 지영이도 피아노 숙제 열심히 하기." 이렇게 말씀하실 것 같아요.

쉬운 것부터 시작해라 이정호 3학년

난 과목 가운데 수학이 제일 싫다. 현재 구몬은 십만 나누기 세 자리를 한다. 지금 웅키 수학은 학교 진도와 비슷한데 구몬이 4학년, 5학년이 하는 것을 한다. 난 3학년인데… 엄마는 내 마음을 이해 못해주신다. 엄마가 내 마음을 이해해 주시면 좋겠다. 공부는 쉬운 것부터 해야 되니까. 부처님 책에두 이 이야기가 있고 손자병법에도 있다. (5. 23)

▶ 이런 답답한 마음도 속 시원하게 글로 쓰는 거예요. 부처님 책에도 있고, 손자병법에도 있는 건데 어른들만 자꾸 까먹나 봐요.

모둠 경쟁이 없었으면 박보린 3학년

우리 반엔 모둠이 노력하고 협력해서 잘 하면 정숙, 준비, 청결, 봉사로 나누어 표를 준다.

그런데 이걸 한 달, 두 달, 겪어보니 애들이 이것 갖고 너무 경쟁을 심하게 한다. 상을 받는 모둠은 상을 받아서 좋지만 이것이 시작되고 나서 나쁜 점은 같은 모둠이라도 난 그 애가 좋은데 내가 잘못해서 모둠이 표를 못 받으면 싸우게 되고 애들끼리 구박을 한다.

어제는 선생님이 "이제 청결 모둠 뽑는다." 그래서 '어머나, 줍는 것보다 비로 쓰는 것이 낫겠네' 생각하고 빗자루를 가지고 와서 쓸려고 하는데 선생님이 "지금 빗자루 가지고 쓰는 모둠은 청결 안 준다" 하시자 다른 모둠 아이들이 "6모둠이요. 4모둠이요" 해서 깜짝 놀랐다.

그러자 우리 모둠 아이들이 째려보고 구박도 해서 너무 속상했다. 3학년이 되어 처음으로 사귄 진화와도 말다툼을 하게 되었다.

애들은 그 상을 받으려고 심지어 쓰레기가 있는데 선생님을 속이려고 발로 밟고 있기도 한다. 그래서 서로 다른 모둠이 거짓말을 하나, 숨기나 감시해서 선생님께 이른다.

나는 아직까지 한 번도 상을 타본 적이 없어서 꼭 한 번 상을 타보고 싶기도 하다. (6.9)

▶ 모두 잘해 보자고 하는 것일 텐데, 경쟁이 심하면 이런 문제들이 나오는군요. 친구들과 마음 상하지 않으면서 잘할 수 있는 방법을 찾아보면 좋겠지요. 이런 문제의식이 소중합니다. 문제를 발견하는 게 문제 해결의 첫걸음이니까요.

남자와 여자와 친하게 지냈으면 좋겠다 김미영 3학년

원래 짝꿍을 왜 남자 여자로 정해주냐면 친하게 지내라는 거고, 여자끼리 남자끼리 앉으면 떠들기 때문이다. 그런데 남자애들은 여자애들을 잘 놀리고 여자애들은 남자애들을 잘 때린다. 남자아이가 여자아이를 놀리는 거랑 여자아이가 남자아이 머리를 때리는 건 안 된다. 남자아이는 여자아이가 놀리면 얼마나 속상한지 모르고 여자아이

는 얼마나 아픈지 모르기 때문이다.

나 옛날에는 때렸지만 요즘은 안 그런다. 남자아이도 때리지 않고 타이르면 듣는다. 여자아이를 때리고 울리는 아이한테 잘 타일렀더니 그 아이한테 미안하다고 했다.

좋아하면 관심 있어서 놀리지 않고 좋아한다고 부끄럽지 않게 말하고 얘기를 나눴으면 좋겠다. (8. 26)

▶ 미영이 생각이 옳습니다. 좋아하면 부끄럽지 않게 말하고 얘기를 나누는 게 옳습니다.

누군가에게 말하고 싶은 이야기도 눈치 보지 말고 당당하게 그 이유를 밝혀 말하고 쓸 수 있어야 합니다. 글의 갈래로 보면 주장하는 글에 해당되는데요, 저학년 때는 이 정도의 이야기로 주장하는 글쓰기를 해 보면 충분합니다.

5장

시는 더 어려워요, 도대체 시는 어떻게 써요?

아이들은 모두 시인,
톡톡 터지게 건드려 주기

아이들은 저마다 시의 씨앗들을 품고 있습니다. 착한 마음, 순진한 마음, 거짓 없는 솔직한 마음, 엉뚱한 마음, 어른들이 보지 못하는 것을 보는 밝은 눈, 반짝이는 호기심, 세상의 틀에 매이지 않는 자유로운 생각, 이런 마음들이 다 시의 씨앗들입니다. '어린이시'는 존재 자체가 시인인 아이들이 자유롭게 자신의 이야기를 쓴 시를 말합니다. 그냥 '시'라고 해도 좋습니다.

예전 우리가 받았던 시 교육은 내 이야기를 쓰는 게 아니라 어른인 동시 작가가 어린이를 생각하면서 쓴 동시를 따라 쓰고 흉내 내는 것이었습니다. 예를 들어 '봄'을 글감으로 쓸 때면 '내 눈으로 본 봄, 내가 봄이 왔구나 느낀 것'을 쓰는 게 아니라 봄 하면 떠오르는 것들, '방긋 새싹, 나풀 나비, 아지랑이, 개나리, 꽃, 희망' 이런 단어들로 1연, 2연, 3연, 4연을 채워 나갔지요. 같은 말을 반복하고 흉내 내는 말을 재치 있게 넣어 완성하는 게 시라고 배웠습니다. 내 눈으로 본 것을 쓰는 게 아니라 누구나 떠올릴 수 있는 것들을 머리로 생각해 썼지요.

시 쓰기도 산문과 다르지 않습니다. 생활하면서 보고 듣고 겪고 생각한 내 이야기를 쓰면 돼요. 그 가운데 짧은 순간의 일, 한 장면의 모습, 강한 울림이 있었던 일, 간절한 생각 들은 시로 쓰기 좋은 글감입니다.

아이들은 산문보다 시 쓰기를 즐깁니다. 자기 삶을 담아 짧게 쓰는 시는 아이들이 부담 없이 마음껏 쓸 수 있고, 거기서 느끼는 글의 힘은 긴 글 못지않기 때문입니다. 동시의 틀을 깨고 제 삶을 쓰는 물꼬만 터 주면 아이들은 거침없이 시를 씁니다.

시는 어떻게 쓸까요? 꼭 필요한 말로, 자기 느낌이나 생각을 자신의 말로 쓰면 됩니다. 구구절절 설명으로 늘어놓으면 시가 되기 어렵고 한 컷 사진처럼 한 장면을 보여 줄 때, 한 장면이 그림처럼 그려질 때 시가 됩니다. 간절한 마음이 담긴 한 구절만 있어도 시가 되기도 합니다.

참새 정다희 2학년

눈이 내리는 날
눈 쌓인 나무에
참새들이
째잭째잭
떨고 있어요.
그래서 나는
"참새야 어서 다른 곳으로 가."
말해주었어요.

봄 정다희 2학년

봄이 오나 봐요.
참새들이 봄 준비를 해요
추울 땐 한자리에 계속 있었는데
이쪽 나무로 저쪽 나무로
착 착
힘차게 왔다 갔다 해요.

▶ 인사를 건네며 "봄이 오나 봐" 했더니 "맞아요. 참새들이 이쪽 나무에서 저쪽 나무로 착착 힘차게 왔다 갔다 해요. 추울 때는 한곳에만 떨고 있었는데요"라고 대답했어요. 두 편의 시 모두 다희가 들려준 얘기를 "와, 그거 시네. 그대로 써 볼까?" 해서 나온 시입니다.

참새를 걱정하고 반가워하는 마음이 시가 되는 것이지요. 또, 참새들이 째잭째잭 떨고 있는 장면도, 착 착 힘차게 왔다 갔다 하는 것도 잘 붙잡아 그림이 그려지게 써서 좋은 시가 되었습니다.

제사 오민경 3학년

참 신기해요.
엄마가 제사할 때
문을 조금 열어놓았는데요.
증조할머니, 할아버지가
드시고 가시라고 그랬대요.

▶ 아이들에게는 제사를 모시는 것도 신기하고 소중한 경험입니다. 반짝이는 호기심도 시가 될 수 있습니다. 아이들의 이런 표현들도 놓치지 마세요.

현서 풍년 황현서 1학년

나는 황현서이고요,

현지 친구는 최현서이고요,

한생연 과학에는

백현서가 있고요,

선생님 제자 중에는

이현서가 있대요.

현서가 풍년이에요.

▶ 현서 동생 이름은 현지예요. 나는 현서에게도 가끔 현지야, 하고 불러서 미안해하며 "요즘 현지도 많고, 현서도 많고 해서 내가 막 헷갈리네" 했더니 현서가 맞장구쳤어요. "맞아요. 현서 가 풍년이에요." "어머나, 그거 시로 쓰면 좋겠다. 샘이랑 공부 하는 언니 중에도 이현서가 있어." 이렇게 '현서 풍년'이 나왔 습니다.

때 묻지 않은 아이들의 말, 봄에 피어나는 새순처럼 싱그런 아 이들의 말은 그 자체로 이미 시입니다.

자동차 얼굴 정다희 3학년

차는 얼굴도 있고 코도 있고 귀도 있고

눈이 있는 것 같아요.

어떤 차나 어떤 표정을 짓고 있어요.

▶ 바깥수업을 나가서 아파트 앞 화단에 꽃눈이며 풀들을 들여다보다가 주차해 놓은 차들을 보더니 다희가 말했어요. "나는 차도 얼굴이 있는 거 같아요. 코도 있고, 귀도 있고, 눈도 있는 것 같아요." "어머, 나도 그렇게 생각하는데. 좋아. 이것도 시가 되네." 이렇게 이 시는 태어났습니다.
틀에 박힌 생각이 아닌, 아이들 눈과 마음으로 읽어 내는 세상이나 사물을 만날 때면 반짝! 놀랍습니다. 이게 바로 시이지요.

발걸음 나수인 1학년
엄마랑 내 발걸음
딱딱 맞는다.
자꾸만 자꾸만 쳐다보게 된다.
쳐다보면 계속 딱딱 맞는다.

▶ "엄마랑 손잡고 가게도 가고, 산책도 하고 그럴 때 본 것도, 들은 것도, 주고받았던 말도 다 글감이 될 수 있어. 엄마랑 가게 갈 때 함께 가는 것도 좋지?" "맞아요. 엄마랑 함께 걸으면 발걸음이 딱딱 맞아요. 그래서 계속 발걸음을 보면서 가요." "아하, 수인이랑 엄마랑 다정하게 걸어가는 모습이 막 그려지네. 발걸

음 딱딱 맞는 그 이야기 시로 써도 좋겠어." 수인이의 발걸음은
이렇게 단생했습니다.

전화 정다희 3학년
친구 집에 놀러갈 때 엄마는
"전화하면 와라."
그래서 친구네 집에 전화가 오면
마음이 조마조마거려요.
'엄마 전화가 아니었으면' 해요.

▶ 이 시를 친구들에게 읽어 주면 크게 공감합니다. 다 그렇다
고 맞장구들이 쏟아지는데 누구나 들으면 공감할 수 있는 이
야기도 좋은 시입니다.

시 쓰기를 가장 쉽게 안내하는 길은 자신이 한 말이 시가 된다
는 것을 알게 하는 것입니다. 저학년 아이들 경우가 더 그렇습
니다. 아이들은 시가 되는 말을 많이 하고 있지만 그게 시가 될
수 있다는 것을 모릅니다. 글감으로조차 생각하지 않습니다.
"오, 그랬어. 그랬구나. 어머, 그거 시네. 한번 써 볼까?" 이렇게
해서 써 놓고 보면 자기가 봐도 재밌고, 속 시원하고, 무엇보다
'시가 이렇게 쉬워' 이런 생각들을 하게 됩니다. 저는 아이들 말

에서 많은 시들을 주워 모으고 있습니다. 아이들 얘기를 잘 듣
고 있다가 이렇게 말해 주세요.
"그거, 시로 쓰면 좋겠다."

2. 내가 생각한 것도 시

편지 김미영 1학년

답장을 받으면
기분이 좋아요
친구가 나한테
온 것 같아요.

꿈 임해성 1학년

꿈
꿈은 왜 꾸는 걸까?
궁금하다
아! 알았다.
낮에 본 일이 밖으로 나와 꿈이 된다.

꽃은 좋겠다! 황현지 2학년

꽃은 좋겠다.

가만히만 있어도 '예쁘다'라고 들으니까

꽃은 좋겠다.

가만히만 있어도 예쁨 받으니까

▶ 친구들의 생각을 엿보면 참 새롭습니다. 생각한 걸 글로 옮겨 적기만 해도 대부분 시가 됩니다. "어머나, 어떻게 이런 생각을 했어?" 이렇게 묻는 일은 부질없습니다. 세상이 궁금하고 신기해서 그렇게 생각하고 말하니까요. 그걸 쓰기만 하면 시가 되는 거지요.

날아다니는 사람 이서진 2학년

나비, 새, 나방

이런 것들은 모두 날아다니지만

우리는 날지 못합니다.

하늘을 날 수 있는 한 가지

비행기를 타면 됩니다.

미래에는…

날아다니는 사람이 생길까?

▶ 언젠가는 날아다니는 사람도 생길 수 있지 않을까요. 이처럼 마음껏 상상한 것도 시가 될 수 있습니다.

인형은 얼마나 힘들까? 이여진 2학년

인형은 얼마나 힘들까?

우리가 보기에는

편하게 누워 있는 거 같지만

다른 장난감에 치이고

역할이 바뀌고

아기가 껴안고

엄청엄청 힘들겠다.

▶ 아, 그렇군요. 인형들도 참 힘들겠군요. 여진이 시를 보고서야 그렇겠구나 알게 되었습니다. 아이들이 생각한 것들을 주저하지 않고 쓰게 도와주세요. 다른 사람들이 '정말 그렇네' 깜짝 놀랄 거예요.

멸치 장세현 3학년

멸치는 국물 맛을 내려고 자기를 희생한다.

국물 맛을 맛있게 내고는

망사국자로 싱크대에 버려진다.

불쌍한 멸치.

멸치는 이렇게 살으려고 태어났을까?

▶ 세현이 일기장에 있던 시였어요. 읽으면서 깜짝 놀랐습니다. 나는 국물을 내고 멸치를 버리면서도 이런 생각을 해 보지 못했는데 세현이는 엄마가 하는 일을 보면서 이런 생각을 했다니요. 아이들에게서 배웁니다. 이렇게 골똘히 생각해 본 것도 시로 쓰기 좋은 글감입니다.

컵라면 김효선 3학년

편의점에서 컵라면을 다 먹고,
면발은 다 먹은 줄 알았는데
버리면
면발이 한가득
아까운 면발

▶ 이거 정말 이렇잖아요. 다 먹었다고 생각하고 국물을 버리면 아까운 면발이 한가득. 읽는 사람들이 '딱! 내 마음이네' 이럴 것 같아요.

아이들이 마음속에 품고 있는 생각을 엿보면 깜짝 놀랄 이야기들이 많습니다. "네가 생각하고 있는 것들도 쓰면 시가 되지"라고 말하며 몇몇 보기글들을 읽어 주면 아이들은 어렵지 않게 마음속에 품어 왔던 이야기들을 시로 풀어냅니다. 오랫동안 생각해 왔던 이야기나 어느 순간 갑자기 떠올랐던 생각들도 쓰면 훌륭한 시가 될 때가 많습니다. 간절한 생각, 골똘히 해 본 생각들은 좋은 글감입니다.

3. 마음을 풀어내는 시

우리 할아버지 이여진 2학년
우리 할아버지는 영어공부를 한다.
어른들은 거의 공부를 안 해서 억울한데
할아버지라도 공부를 해서 덜 억울하다.

▶ 아이들 마음을 잘 안다고 생각하고 지내지만 아이들 진짜 마음을 알고 깜짝 놀랄 때가 많습니다. 이 시를 보면서도 저는 그랬습니다. '아이들이 이렇게 생각하는구나' 여진이 마음을 솔직하게 써서 힘이 센 글이 되었습니다.

수학이 너무 벅차요 이정호 3학년

난 3학년인데

구몬 수학이 5학년 수준이에요.

2학년 단계나 어떻게 뛰어넘겠어요.

너무 벅차요.

물이 넘쳤어요.

우리 엄마 욕심이 넘쳤어요.

내가 얼마나 괴로워하는지도 모르고.

▶ 이날 정호는 들어오자마자 이런 말을 쏟아 놓았어요. "수학이 너무 벅차요. 구몬 수학은 5학년 수준이에요. 십만 나누기세 자리 수를 하는데 너무 힘들어요. 물이 넘쳤어요. 우리 엄마욕심이 넘쳤어요." 내가 해 줄 수 있는 건 없지만 그 간절한 마음에 고개 끄덕여 주고 지금 이 마음을 방금 한 말 그대로 쓰자했지요. 간절한 마음이 담긴 말들은 읽는 사람의 마음을 움직이게 합니다. 그게 바로 시가 되지요.

오늘이 빨리 지나가지 말아라 장세현 2학년

오늘은 내가

마음대로 하고 싶어.

학습지 선생님도 다녀가셨고,

오, 숙제

지겨운 숙제,

숙제도 없어.

롤러브레이드를 탈 거야. (5. 19)

▶ 요즘 아이들, 마음껏 놀 수 있는 날이 많지 않지요. 벌써 마음은 밖에 나가 있습니다. 혹시라도 부모님들은 이런 날 "책 읽어라. 학습지 진짜 다 했니?" 이런 말은 참아야겠어요.

억울하다 이미경 2학년

선생님은 짜증이 나면 우리한테 소리 지르고 짜증을 낸다. 나도 선생님한테 그러고 싶다.

나랑 같은 나이였다면 때릴 수도 있고 다 할 수 있을 텐데.

▶ 어른들에게 혼날 때 친구들 마음이 이럴 수 있다네요. 이런 글을 썼을 때 어떻게 해야 할까요? 일단은 공감해 주기를 잊지 마세요. 설득이나 설교는 아이들의 솔직한 표현을 막고 어른들 입맛에 맞는 글만 쓰게 할 것입니다.

이것도 방학이라고 김신진 3학년

나는 오후에 여러 가지 활동이 있어

수학 학습지를 못 푼다.
그래서 아침에 TV도 못 보고 공부했다.
이것도 방학이라고
방학 아닐 때보다 더 바쁘다.

▶ 제목에서 할 얘기 다 해 버렸어요. '이것도 방학이라고' 방학이어도 학교 다닐 때와 다를 바 없이 할 게 많은 친구들, 왠지 미안해집니다. 속 시원히 하고 싶은 이야기를 팡팡 털어놓는 것이 글쓰기에서는 중요합니다.

거짓말 김민선 3학년
우리 엄마는 누굴 만나면 자기 자식 자랑하면서
혼자 있을 땐 자기 자식 욕을 한다.
엄마는 거짓말쟁이.

▶ 이 날카로운 지적!

다쳤는데 왜 기분이 좋지? 이정헌 3학년
뼈가 부러지고 나면
아아아주 나쁠 것 같았는데
의외로 초콜릿 10개 받은 기분이다.

맨날 티브이, 게임, 책만 본다.
'아니, 다쳤는데 왜 이렇게 기분이 좋지?'

▶ 진짜 마음을 만나면 누구나 하하 웃게 되고, 공감하게 되고, 응원해 주고 싶어집니다. 그런 마음이, 그런 표현이 시가 되지요.

해리포터 DVD 김영민 3학년
어린이날 선물
해리포터 DVD
할머니가 수학 100점 돼야 사준댔다.
어린이날인데 그냥 사줘야 해.

▶ 맞아요! 어린이날인데 그냥 사 주는 게 맞지요. 수학 100점 되어야 사 준다는 건 어린이날 선물이 아니네요.

시도 긴 글과 마찬가지로 자기가 하고 싶은 이야기를 눈치 보지 않고 마음껏 쓸 수 있어야 합니다. 꾸미지 않은 당당한 목소리가 주는 울림은 큽니다.

우리 가족 모두 감기 최수혁 1학년

우리는 얌전했다. 그런데 시끄러워졌다.

콜록콜록록 콜록록롤롤 (1.11. 흐림)

▶ "콜록콜록록 콜록록롤롤" 시끄러운 기침 소리만으로 온 가족이 감기인 걸 알려 주네요. "오늘은 시를 쓰자" 해서 나온 글이 아닙니다. 저학년 아이들 글은 이렇듯 시와 산문의 경계가 없을 때가 많습니다.

배 박은채 3학년

아침에 일어나니 배가 아프다

"엄마, 나 배 아파…"라고 하니

"그래도 학교는 가야 해."

"아빠, 나 배 아파…"라고 하니

"가서 똥 싸!"라고 하셨다.

난 그냥 배가 아픈 건데….

▶ "우리 은채 배 아파! 왜 그러지?" 걱정해 주면서 은채 배 한

번 쓰다듬어 주면 좋았을 텐데요.

짜장면 최준우 3학년

짜장면 집에 갔다.
옆자리는 후루룩 나라가 되었다.
뱃속이 요동치고
머릿속과 배는
사이렌을 울렸다.
내 눈동자, 신경은
옆자리에 고정이 됐다.
누가 온다. 직원이다.
짜장면을 들고서.
잘 비빈다.
나도 후루룩 후루룩
앞자리가 쳐다본다!
쟤도 나처럼 그럴까?

▶ 오호라, 짜장면 집에 갔을 때 옆자리에서 맛있게 먹는 걸 보면서 침이 꼴깍, 내가 비빌 때 앞자리도 그럴까? 이렇게 생각한 걸 쓰다니요. 짧은 순간을 아주 잘 잡아 썼지요?

쩝쩝쩝 최준우 3학년

밥 먹을 때

나도 모르게

쩝쩝거렸다.

그랬더니 누나가

"조용히 좀 해 봐."

내 머릿속은 당황

"나 원래 그래"

그랬더니 누나가 복수로

쩝쩝 소리를 냈다.

나도 똑같이 했다.

쩝쩝쩝

오 - 예!

내가 이겼다!

▶ 재미난 누나와 동생입니다. 이렇게 짧은 순간의 일은 긴 글
보다 시로 쓰는 게 더 좋지요. 이런 것도 글감이 되다니. 시 쓰
기를 재미있어할 수밖에 없습니다.

누나의 사춘기 최준우 3학년

누나 방에 들어갔다.

침대 위로 잠깐만 앉았는데
누나가
"야! 뭐해! 내가 이렇게 하지 말라고 했잖아!
아씨…"
나는
누나 눈치 보며 나갔다.

▶ '딱! 사춘기네' 싶지요? 한 장면으로 전체를 보여 주기, 시는 바로 그렇게 써야 한답니다. 모든 순간이 다 시가 됩니다.

도둑 최준우 3학년
나는 밥을 땅으로 흘릴 때가 있다.
그래서 내가 밥 먹을 때마다
누가 내 밑을 온다.
툭…
뭔가 떨어졌다.
날름,
사랑이가 먹었다!

나의 커다란 실수 최준우 3학년
내가 빼빼로를 먹고 있을 때

빼빼로가 떨어졌다.

다시 주워서 오도독

…

이건 빼빼로 맛이 아닌데

으악!! 내가 사랑이 사료를 먹었다!

▶ 저런저런, 준우가 떨어트린 빼빼로는 사랑이가 먹고, 준우
는 사랑이의 사료를 주워 먹고.

'아니, 이런 이야기도 시가 되네.' 놀랍지 않나요? 시는 순간순
간의 모든 이야기를 쓸 수 있어요. 한 편 쓰고, 생각나는 이야기
또 한 편 쓰고, 쓰고, 쓰고, 시 쓰기의 재미에 빠져 보세요.

5. 감탄하는 마음도 시

새싹 장세현 2학년

새싹은 엄마예요

곧 이쁜 꽃 아기를 낳을 거예요. (4. 9)

▶ 꽃을 머금고 있는 작은 봉오리를 보며 물었어요. "선생님, 이건 뭐예요?" "응. 이 안에 꽃 아기가 있어. 조금 더 있으면 서서히 밖으로 나올 거야." 이런 이야기를 나누고 세현이는 '새싹'을 썼습니다.

개나리 장세현 2학년
개나리는 산수유와 달라요
산수유는 친구들이랑 나무에 모여 있고
개나리는 나무 가지에 두 명씩 짝을 짓고 살아요. (4.9)

▶ 개나리와 산수유는 이른 봄에 피는 노란색 꽃입니다. 잘 모르는 친구들은 산수유를 보고 개나리라고도 해요. 세현이는 정확히 보고 썼네요. 산수유는 뭉쳐 피어 있고, 개나리는 다정하게 마주 보며 피어나거든요.

수선화 손서우 2학년
수선화는 꽃 속이
배꼽 같다.

▶ 수선화는 꽃 속에 동그란 울타리가 있어서 정말 배꼽 같아요. 이 시를 읽고 수선화를 보면 배꼽 생각이 날 거예요.

담쟁이 장세현 3학년

담쟁이는 아래서부터 슬슬 올라와서 벽 같은 데 '띠딕' 문
어같이 붙어있다.

▶ 벽을 타고 올라가는 담쟁이를 본 적이 있으세요? 진짜로 담
쟁이는 개구리 발바닥 같은 발로 벽을 꽉 붙잡고 올라간답니
다. 자세히 보면 이런 놀라운 표현이 나와요.
이 글은 행을 나누지 않고 한 문장 그대로 이어 썼습니다. 행을
나누면 슬슬 올라가는 담쟁이가 올라가다 끊기는 느낌이 들
것 같아서요.

새소리 강아라 2학년

새소리는 참 좋다.
뭐 먹는 소리 같다.
쩝, 쩝, 쩌업!

▶ 듣고 보니 그렇지요. "쩝, 쩝, 쩌업!" 뭐 먹는 소리 같아요. 새
마다 우는 소리가 다르거든요. 밖에 나가면 들리는 소리에 귀
기울여 보게 하세요. 새소리도 잘 듣고 들리는 대로 써 보기도
하고요.

매미 소리 서건우 2학년

무르무르 소리가 들렸다.

너무 시끄러웠다.

15일 살아야 하니까

너무 속상하겠다.

매미 소리였다.

'아하, 으흠, 우아 예쁘다.'

매미 노래 같다. (7. 16. 해님 쨍쨍)

▶ 건우의 귀에는 매미 소리가 '무르무르' 들리는군요. 매미 소리를 귀담아들으며 매미 처지를 헤아리는 마음이 시가 되었어요. "우아 예쁘다" 하는 마음이 참 귀하지요.

그네를 탔어요 성서인 3학년

그네를 탔더니

시원해!

재밌어!

스트레스가 날아가!

애들아, 힘들 때는 그네를 타!! (3. 28)

돌려 그네 이희수 3학년

그네를 선생님한테 밀어 달라고 했는데

"무거워! 아이고 무거워."

아이, 나는 부끄러워, 부끄러워. (3. 28)

▶ 밖에 나가면 한판 신나게 놀기도 해야지요.

시가 되는 마음을 키워 주고, 관념으로(머리로) 쓰는 글을 깨트리는 좋은 방법은 바깥으로 나가는 거예요. 꽃이 피는 봄, 나뭇잎이 물드는 가을, 계절이 바뀌는 걸 몸으로 느껴 보는 거지요. 잠자고 있는 감각을 깨우기 좋고, 본 대로, 들은 대로, 자기 느낌을 자기표현으로 써 보는 공부를 하기에 정말 좋습니다.

무엇보다 바깥으로 나가면 아이들이 좋아하고 행복해하며 기운이 살아납니다. 보통 때는 쓰윽 지나쳤던 풀과 꽃, 새와 바람에도 반응을 하지요. "이 꽃 무슨 꽃이에요?" "이 꽃은요?" "아, 바람 시원하다." "이 개미들 좀 봐." 끝없이 새로운 눈으로 자연을 봅니다. 아이들 말을 귀담아들으며 아이들이 자세히 봤으면 싶은 게 있으면 "이것 좀 봐. 어때?" 말을 건네기도 하며 천천히 즐겨 보세요.

이때 꼭 수첩과 연필을 가지고 나가야 합니다. 그 자리에서 터져 나오는 말을 바로 쓰자 하는 거지요. "방금 네가 한 말이 시네. 그걸 쓰자." 아이들이 생생한 말들을 쏟아 내기 때문에 잊기 전에 쓰는 게 좋아요. 그리고 '쓰는 일'은 본 것에서 한 발 더 들어가 가슴을 흔드는 힘이 있습니다. 눈에서 가슴으로 이어 주는 힘이 쓰기에는 있답니다.

시의 행과 연, 그리고 비유, 리듬에 대해서

시 공부에서 행과 연, 리듬과 비유나 상징은 어떻게 이해해야 할까요? 행은 줄을 말하고 연은 1연, 2연 한 묶음을 말해요. 그래서 연이 바뀌면 한 줄을 띄워요. 행은 아이와 함께 소리 내어 읽어 보며 호흡을 느껴 보세요. 길게 쉬어 읽고 싶은 자리나 강조하고 싶은 말에서 행을 나누면 괜찮을 것입니다. 연은 산문의 단락과 같다고 생각하면 됩니다. 이야기가 달라질 때, 시간이나 장소가 달라질 때 연을 나누면 되지요. 한 장면의 이야기일 경우는 굳이 연을 나눌 필요가 없습니다.

아이들은 보통 은유보다는 직유법을 많이 씁니다. "내 마음은 호수요"보다는 "호수 같은 내 마음"이라고 표현해요. 사물을 어떤 것에 비유해서 말하는 것도 아이들이 직관으로 척 잡아 쓸 때 '와, 새롭다. 정말 그러네.' 감탄하게 됩니다. 머리로 만들어 내는 비유는 억지스럽거나 이미 낡은 것일 경우가 많습니다.

시는 분명히 그림을 닮았고, 음악을 닮아 있습니다. 그림을 그리듯이, 사진을 찍듯이 쓴 글, 그리고 노래를 품고 있는 글이 '시'입니다. 리듬 또한 머리로 만들어 내려고 하면 앵무새의 노래처럼 반복하는 말만 늘어놓기 쉽습니다. 아이들이 흥겨운 마음, 감탄하는 마음, 소리치고 싶은 마음을 시원하게 터트려 놓기만 해도 시의 리듬은 저절로 생겨납니다.

그래 샘의
수업 엿보기
4

시를 품고 있는 희수

희수와 글쓰기 수업을 시작한 지 한 달쯤 되었을 때, 가을이 예
뻐서 동네 작은 공원으로 나갔습니다. 첫 번째 바깥수업이었어
요. 처음 밖으로 나가면 대체로 이렇게 물어요.
"뭐 써요?"
늘 놀던 공간, 늘 지나치던 곳에서 시를 쓰자니 당연한 물음이
겠지요.
"음, 여기 바닥에 깔려 있는 나뭇잎을 밟아도 보고, 그 소리를
들어도 보고…."
나는 이렇게 말을 했을 뿐인데 희수는 '낙엽'을 써서 보여 줍
니다.

낙엽 이희수 2학년

낙엽을 손으로 만지면

부서지고

가만히 놔두면

그대로 있고

바람이 만지면

휘이이 날아간다. (11. 1)

"와아, 어떻게 이런 생각을 했어? 놀랍다, 놀라워."

'바람이 만지면'이라뇨? 우리의 굳어진 생각으로는 도저히 나올 수 없는 표현입니다.

"다음엔 뭐 써요?"

"음, 저 노란 은행나무를 잘 보고 뭔가 써도 괜찮을 것 같고…."

내 말이 끝나자마자 '나무 나빠' 하고 제목을 썼어요. 뭘 쓰려고 저런 제목을 달았을까 궁금했는데 딱 희수다운 글을 썼습니다.

나무 나빠

나뭇잎이 예쁘면서도 고와서

만져보려고 하는데

나무가 키가 커서 만지는 걸 막는다.

치, 나무 나빠

다람쥐를 만지려 하면
나무에 올라가서 나무가 막고.

"좋다, 좋다. 너무 좋아."
진심이었어요. 깜짝 놀랐거든요. 그랬더니 좀 더 자신이 붙어서 씩씩하게 말했어요.
"또 뭐 써요?"
"음, 저기 비둘기를 보고 쓸 수도 있어. 끄덕끄덕 걸어가는 것도 잘 보고, 목에 빛나는 깃털도 잘 살펴보기도 하고."
그런데 희수는 비둘기를 잡으러 막 다가가는 거예요.
"그러면 날아가잖아. 안 돼."
말려도 소용없었어요. 그러더니 쓴 게 '비둘기'였습니다.

비둘기
비둘기가 멀리 떨어져 있어
가만히
조금조금
다가가면
훠이
나무에 앉는다.
언제쯤이면

비둘기를 만질까?

딱 희수 마음, 아이들 마음이 이렇지요. 아이들은 시인이고 내 눈은, 내 마음은 헌 눈 헌 마음인 걸 다시 확인한 날이었습니다.

가을에 두 번 바깥수업을 한 뒤 겨울에도 수업 때마다 바깥수업을 나가자고 떼를 썼어요. 나는 봄이 되면 나가겠다고, 추워서 안 된다고 버티다가 성화에 떠밀려 3월 말쯤 꽃들이 나오기도 전에 바깥수업을 나갔어요. 여전히 "뭐 써요?" 하고 물어요. "찬찬히 들여다봐. 그러면 겨울이어서 풀이 하나도 없을 것 같지만 봐, 여기 파릇파릇 살아 있는 풀들이 있지. 뭐 이런 거 보고 쓸 수도 있고…."
그러자 '바닥이 보인다'고 제목을 쓰더니 마지막이 걸작입니다. '아싸, 이제 봄이 보인다'라고 쓴 거예요. 이건 계산된 표현이 아니지요. 희수 마음에 숨어 있던 시인이 절로 쓴 말입니다.

바닥이 보인다 이희수 3학년
얼마 전까지 땅바닥이 안 보이고
눈이 보였는데
바닥이 보인다.
아싸, 이제 봄이 보인다. (3. 28)

자리를 옮겨 산수유가 막 피기 시작한 여린 나무 아래로 다가
갔어요.

"이거 무슨 꽃인지 알아?"

"몰라요."

"이게 산수유야. 봄이 오면 거의 일등으로 피는 꽃이야. 산수유
에 대해서도 한마디 적어 줘 봐."

나는 요모조모 들여다보고 정성껏 쓰기를 바라는데 보는 듯
마는 듯하더니 글을 쓰는 거예요.

"희수야, 잘 좀 보고 써 봐. 그렇게 슬쩍 보고 쓰지 말고."

내 말이 끝나기도 전에 쓰윽 써서 내미는데, 또 한번 놀랐습니
다. 산수유는 '해가 거의 뜰 때 생기는 별 같아'라고 쓴 거예요.
연한 노란빛 산수유꽃을 이렇게 잡아내다니 감탄밖에 할 일이
없었습니다.

산수유

산수유는 예뻐

자세히, 더 자세히 보면

더 예뻐.

해가 거의 뜰 때 생기는

별 같아.

시 수업을 해 보면 '어린이는 시인이다', '어린이의 말은 시다' 라고 하신 이오덕 선생님 말씀이 정말 맞구나 고개를 끄덕일 수밖에 없습니다. 우리가 시 수업을 매끄럽게 이끌지 못해도 좋은 시들이 팡팡 나올 수 있는 것은 '아이들이 시인'이기 때문 입니다.

6장

○

일기 쓰기를
너무
힘들어해요

거뜬하게 쓸 수 있는 도움 몇 가지

요즘은 학교에서 일기 쓰기 지도를 예전만큼은 하지 않습니다. 글을 어떻게 써야 하는지 알려 주지 않고 '길게 써라. 자세히 써라. 정성껏 써라.' 하면서 숙제로 쓰게 하는 일기는 아이들에게 해치워야 할 숙제 그 이상이 될 수 없긴 합니다. 그렇지만 글쓰기를 제대로 알려 주기만 한다면 일기 쓰기는 글쓰기와 친해질 수 있는 좋은 시간입니다. 더욱이 저학년 친구들은 이제 한 걸음 한 걸음 학교생활을 익혀 가고 글쓰기도 걸음마 단계이기 때문에 일기를 쓸 때 무얼 써야 하는지, 어떻게 써야 하는지 먼저 물어 올 것입니다. 부모님이 글쓰기에 대한 기본만 잘 알고 있다면 일기 쓰기야말로 우리 아이에게 글쓰기를 제대로 가르쳐 줄 좋은 기회입니다.

일기 쓰기, 어떻게 도와주어야 할까요? 지금까지 앞에서 살펴본 '아이들 글을 어떻게 봐야 할 것인지', '무엇을 써야 하는지', '어떻게 써야 하는지'에서 이야기한 것과 다르지 않습니다.

일기 쓰기를 도와주고 싶다면 먼저 잊지 말아야 할 것이 있습니다. 아이들이 부모님에게 일기장을 보여 주지 않으려고 하는 이유는 대체로 비슷합니다. 일기장을 보고 잔소리를 하기 때문이지요.

"글씨가 왜 이렇게 날아가니? 다시 써라."

"글자가 왜 자꾸 틀려. 이 글자 또 틀렸네."

"왜 이런 이야기를 썼어. 이런 이야기는 쓰지 마!"

심한 경우에는 다시 쓰라고 지워 버리거나 한 쪽을 찢어 버리기도 했다는 이야기를 들은 적도 있습니다. 이런 일은 아이가 글과 멀어지게 하고 일기 쓰기를 지겹게 만들고 마음의 문을 닫게 하는 일들입니다. 일기의 주인은 아이고 일기 쓰기는 글자 쓰기 공부가 아니란 사실을 잊지 않아야 합니다.

아이가 쓴 모든 것을 받아 줘야 합니다. '팔은 안으로 굽는다'는 말이 있습니다. 누구나 자기 보호 본능이 있어서 아무리 객관적으로 쓴다 해도 자신에게 유리하게 쓰게 되어 있습니다. 제 잘못은 쏙 빼고 어른의 잘못만 크게 쓰는 경우도 종종 있을 거예요. 그래도 그 일로 지적을 하거나 혼을 내서는 안 됩니다.

부모님과 얘기를 나눴더니 쓸거리가 생각나고 넌지시 이렇게 쓰면 좋겠네, 하는 도움까지 받는다면 그리고 잔소리가 아닌 응원과 격려를 받는다면 기꺼이 터놓고 일기를 나눌 것입니다. 그렇게 되면 글쓰기 실력은 쑥쑥 자랄 것이고 덤으로 아이의 생활과 마음을 읽을 수 있어서 부모나 아이 모두 삶을 돌아볼 수 있는 귀한 시간이 될 것입니다.

1. 글감을 정하고

아이들이 일기를 쓸 때 가장 많이 하는 말이 뭘까요? "쓸 게 없어!"일 것 같습니다. 무엇을 쓰면 될까요? 오늘 하루 있었던 시시콜콜한 모든 일들이 다 글감이 될 수 있습니다. 누군가와 주고받았던 말만 써도 되고, 그래도 쓸 게 생각이 안 난다면 하루일을 일어나서부터 일기를 쓰기 바로 전까지 차근차근 생각해 보면 됩니다. 부모님들은 아이가 오늘 하루 내내 종알종알 쏟아 놓았던 말들 가운데 얼마든지 글감을 이야기해 줄 수도 있습니다.

"학교에서 있었던 일들을 써 봐."

"친구에 대해서 써 봐."

가 아니라

"오늘 선생님이 칭찬해 주셨다며? 그 일을 쓰는 건 어떨까? 선생님이 칭찬하셨던 말도 그대로 쓰고."

"오늘 짝꿍이 너 좋아한다고 했다며? 그 이야기를 써 보면 어떨까? 짝꿍이 말한 것도 쓰고, 그 말을 들었을 때 네 마음도 솔직히 쓰면 좋겠네."

이런 식으로 도와주는 것이지요. 아이가 쓸 게 없다는 말을 자주 한다면 아이 말에 더 귀를 기울여 아이가 쏟아 놓는 말들을 잘 챙겨 주실 필요가 있습니다. 어쩌면 아이는 재미나고 특별하고 자랑스러운 일들만 글감이라고 생각하고 있을지도 모릅니다. 작고 소소한 일들을 가볍게 써 나가는 재미를 알게 되면 일기 쓰기는 거뜬해질 것입니다.

2. 날씨도 문장으로 써 보고

많은 선생님들이 날씨를 문장으로 써 보라고 이야기하고 있습니다. 그렇게 하면 아이들이 자연에 더 관심을 갖게 되고 날씨의 변화에 민감해지며 둘레의 사물도 살피는 힘이 커집니다. 옛 어른들이 자식들에게 자주 한 말씀 가운데 "넌 왜 이렇게 철이 안 드니? 언제 철들래?"가 있었지요. 여기서 '철'이 바로 날씨, 절기를 뜻한다고 합니다. 철의 변화를 알아차리는 게 어떤 의미가 있는지 새삼 새롭습니다. 날씨를 문장으로 쓴 아이들 글을 보세요. 1, 2, 3학년 아이들 글에서 가려 뽑은 거예요.

3. 12. 봄아, 빨리 와!
3. 19. 봄이라고 하기엔 추운 날
3. 28. 우리 언니한테는 덥고, 엄마한테는 추운 날

4.8. 벚꽃이 활짝 폈다.

4.8. 그네 타기 좋은 날

4.16. 벚꽃눈이 내린 날

4.23. 바람이 힘들어서 대신 해님 나온 날

4.23. 숨 쉬면 안 되는 날. 미세먼지 때문에

4.25. 꽃이 우수수 떨어지는 날

5.10. 학교에서 시력 잰 날

5.10. 찜질방보다 더 더운 날

5.18. 너무 더워서 어지러운 날

9.24. 잠바를 입으면 덥고 벗으면 추운 날

9.26. 죽은 새끼 딱따구리 본 날

11.16. 겨울이 올 것 같다.

11.23. 단풍잎이 아주 예쁜 날

12.7. 바람이 태풍처럼 부는 날

맑음, 비, 바람, 추움, 해님으로 멈추지 않고 어떻게 맑았는지, 바람은 얼마나 불었는지, 날씨에 따라 어떤 마음이 들었는지도 알 수 있습니다. 꼭 날씨만 쓰는 게 아니라 그날 아이 눈에 들어온 자연 이야기를 쓸 수도 있고, 그날 특별하게 있었던 일을 쓸 수도 있습니다. 날씨를 문장으로 쓰다 보면 아이들 관심과 생각이 더 넓어지기도 하고 날씨를 쓴 한 문장이 훌륭한 시가 될 때도 많습니다. 그렇지만 날마다 문장으로 쓰는 걸 강요하지는 마세요. 날씨를 문장으로 써 보면 알겠지만 그 일이 말처럼 쉽지만은 않거든요. 가능하면 그렇게 해 보라는 것일 뿐입니다. 또, 한 가지 날씨를 문장으로 쓰라고 하면 멋지게 꾸며 쓰라는 말로 받아들이는 친구도 있습니다. 억지스럽거나 과장된 비유를 할 필요는 없습니다.

3. 차근차근 잘 떠올려서

일기는 대부분 그날 있었던 일을 쓰기 때문에 그런 경우라면 겪은 일을 또렷하게 쓰면 됩니다. 짧은 이야기는 짧게 써도 되고, 긴 이야기는 길게 쓰면 됩니다. 있었던 일을 잘 떠올려 본 대로, 들은 대로, 주고받은 말 그대로 쓰다 보면 저절로 자세하고 생생하고 제법 긴 글이 됩니다.

일기에 대해서 좀 더 살피기 위해서 이제는 다 커 버린 아들이 1, 2, 3학년 때 썼던 일기 몇 편을 들어 보겠습니다.

◆ 1학년 때 일기

길에서 줏은 분필

롤러브레이드를 타고 있는데 분필이 길에 있었다.

분필은 분홍색과 하얀색이었다. 나는 분홍색만 가지고 하얀 것은 버렸다. 송주혁이와 내가 같이 봤는데 내가 줏었다.

송주혁이 "아이 씨"라고 했다.

분필은 조금 작지만 분필이 좋다. (8월 4일 해)

▶ 어른들 눈에는 하찮게 보이는 것들도 아이들에게는 보물이 되기도 하는 걸 보여 주고 있습니다.

초록띠

오전에 태권도를 갔다.

원이랑 주혁이랑은 19일에 초록띠를 받고 나는 못 받았다.

운동할 때

"너 왜 노란띠야?"

"사범님이 안 주셨잖아요."

"니가 말해야지. 얼른 초록띠로 바꿔야겠다"며 초록띠를 주셨다.

사실 나는 나만 못 받아서 걱정하고 있었다. 그래서 엄마

보고 전화를 해 달라고 했다.

초록띠 받자마자 꽁지머리를 해 주셨다.

형아들이 나를 보고 웃었다.

"꽁지머리 안 하면 안 줄 거야."

그래서 할 수 없이 했다. (8월 11일 화요일 해)

▶ 이 일기는 부끄러워서 안 쓰려고 한 걸 맛있는 걸 사 주겠다고 얼러서 쓴 글입니다. 아이에 따라 부끄럽거나 창피한 일들은 안 쓰겠다고 하기도 합니다. 처음 한두 번 용기를 내어 쓸수 있게 응원이 필요합니다.

장기구경

피아노를 가는데 극동 2차 아파트 나무가 많이 있는 곳에서 어떤 할아버지가 어떤 아저씨하고 장기를 두고 있었다. 길에서 장기를 두고 있는 사람은 처음 봐서 나는 살금살금 다가가 나무 옆에서 장기 두는 것을 바라보았다.

할아버지는 아무 것도 안 죽고 아저씨 것은 차 2개 상 2개 말 2개 쫄 2개가 죽었다. 아저씨는 할 게 없어서 장기판만 보고 있었다.

하나도 안 죽은 사람은 처음 봐서 깜짝 놀랐다. 아저씨가 하도 안 해서 그냥 피아노를 치로 갔다. (8월 13일 해, 구름)

▶ 이렇게 본 것을 쓸 수도 있습니다.

◆ 2학년 때 일기

문제 내기

우리 반에 임수권이 별명이 손수건이다.

내가 컴퓨터 하러 가서

"이 문제 맞혀 봐."

"우리 반에 임수권이란 애가 있는데 별명이 모게?"

하니까 원이가 "물수건, 오리수건"

"아니"

1학년짜리 애는 "유수건, 지수건" 이상한 말을 했다. 진혁이도 그랬다.

내가 힌트를 주어도 못 맞히니까 내가 "니네 집에 있는 거 생각해 봐."

그래도 잘 못 맞혔다..

원이 "손수건"이라고 말했다.

내가 그래서 "딩동댕동"이라고 말했다.

원은 "야" 하고 1학년 애는 "아, 내가 왜 그 생각을 못했지" 하고 벽에 머리를 박았다. (4월 23일 금요일 날씨)

▶ 대화를 담아 쓰기 시작하면서 일기장 한 쪽을 넘겨 쓰는 일이 많아졌고, 쓸 수 있는 글감도 많아졌습니다. 선생님에 따라 몇 줄 이상 쓰라고 하는 경우도 있는데, 대화를 살려 겪은 일을 쓰면 길이는 문제없습니다.

◆ 3학년 때 일기

어머니의 귓속말

내가 발을 씻고 나오는데 어머니가

"귓속말. 물만 무치고 나왔지?"라고 했다.

"아니에요."

그러자 누나가 "뭐야?" 물었다.

엄마가 "비밀이야. 엄마와 상준이의 비밀."

그러자 누나가 "치사해"라고 말하면서 삐졌다. 내가 누나에게 "내가 아르켜줄까" 하고 누나가 발을 씻고 나왔을 때 내가 "물만 무치고 나왔지?"라고 했다.

"아니야."

"그 말이 바로 엄마가 상준이한테 한 말이야."

이 이야기가 참 재미있었다. (5월 17일 수요일)

▶ 저는 아이들 일기를 저녁밥 먹고 바로, 다른 숙제보다 먼저

하게 했습니다. 씻고 나오면 "일기부터 써. 오늘은 뭐 쓸 거야?" 하고 물었지요. 쓸 게 있는 날은 자신 있게 "응, 있어"라고 말하지만 보통은 "뭘 쓰지?" 하면서 저에게 말을 걸어왔어요. 그러면 저는 아이에게 들었던 이 일, 저 일을 염두에 두고, "학교에서 무슨 일 없었나?" "아니면 누나랑 논 건 어때?" 이런 식으로 글감 찾기를 도와주었습니다. 이날은 씻으러 들어간 남매가 장난치는 소리만 들리더니만 다 씻었다고 나와서 조용히 불러 "이리 와 봐. 귓속말" 이러면서 "물만 묻히고 나왔지?"라고 했지요. 이 일기는 그 일을 쓰자 해서 쓴 일기입니다.

관리실 아저씨의 인터폰 전화 고치기

오늘 인터폰 전화가 고장 나서 관리실 아저씨가 오셨다.

나에게 고치는 방법을 가르쳐 주셨다.

십자드라이버로 나사를 풀고, 일자드라이버로 틈을 벌려 전화기를 열었다. 나사 4개를 풀고 '탁탁' 쳐서 다시 조였다. 전화기를 다시 붙이고 '후후' 불어서 그 소리가 귀로 들리면 성공이다.

아저씨는

"그다음 고장 나면 이렇게 해보고 안 되면 나에게 전화해" 말씀하셨다.

아저씨가 참 재미있다.

아주 좋은 걸 배웠다. (9월 26일 화요일)

▶ 이렇게 잘 기록해 두면 쓸모가 있겠지요? 정말로 다음에 인
터폰이 고장 났을 때 이날 일기를 찾더니 펼쳐 보면서 금세 고
쳤습니다.

4. 쓰려는 이야기에 **따라** 다양한 갈래로

일기는 어떤 형식에 매이지 않고 쓰려고 하는 이야기에 따라
다양한 갈래로 쓸 수 있습니다. 다만 대체로 그날 있었던 일 가
운데 하나를 골라 쓰기 때문에 겪은 일 쓰기 방법으로 많이 쓰
게 되는 것이지요. 하지만 날마다 일기를 그렇게 쓰라고 해서
는 안 됩니다.
시 쓰기에 실려 있는 세현이의 '멸치'는 일기에 쓴 글입니다.
생활 속의 내 이야기들 가운데 짧은 이야기는 얼마든지 시로
쓸 수 있습니다. 골똘히 해 본 생각도 시로 쓰기에 좋지요. 눈
에 들어온 꽃이며 새며 살랑거리는 마음도 시로 쓰기에 좋겠
지요. 저학년 친구들은 산문과 시의 경계가 거의 없는 경우가
많습니다. 하고 싶은 이야기가 많을 때는 언제 있었던 일인지,

그 일이 일어난 장면부터 차근차근 써 나가면 되고 시는 한 컷 사진과 같은 글이기 때문에 하고 싶은 말부터 쑥 써내려 가면 됩니다.

홍시 황현지 2학년
홍시가 먹고 싶어!
홍시를 일주일 동안 기다려서
택배를 받고 보니
개봉날이 10월 26일이었다.
먹으려면 이틀이나 기다려야 한다.
먹고 싶은 홍시. (10. 24)

의정부 선생님 최수혁 1학년
좀더 좀더 점점 더 점점 더
좀더는 의정부 쌤의 말 길이다. (2. 8)

▶ 이 글을 긴 글, 겪은 일 쓸 때처럼 언제 있었던 일인지, 의정부 선생님이 뭐라고 하신 거였는지, 밝혀서 썼다고 생각해 보세요. 글의 느낌이 확 다르겠지요? 아이가 지금 딱 하고 싶은 이야기는 바로 이거예요. 그런데 "언제 있었던 일이야?" "뭐라 뭐라 길게 얘기하셨어?" 이런 걸 요구한다면 글쓰기가 싫어져

버릴 것 같아요. 아이가 무슨 말을 하고 싶어 하는지 그게 가장 중요합니다.

엄마에게 하고 싶은 말 장승현 2학년

어머니, 저가 저저번 주에 게임을 너무 많이 해서 한 달간 금지잖아요. 저는 일주일에 두 번만이라도 하고 싶어요. 그러면 일기도 잘 쓰고, 글씨도 백 배, 아니 만 배 좋아질 게요. 하루만이라도 시켜주시면 너무 좋을 것 같아요. 저는 장래희망이 축구선수지만 옛날의 역사 임진록이 좋아요. 그리고 치트키도 알고, 공격도 알아요. (11. 14)

초롱이의 버릇 박재영 2학년

우리 집 초롱이는 하얀색 말티즈이다. 초롱이의 털은 약간 황금빛이다.

초롱이는 아무데나 똥오줌을 싼다. 초롱이는 천방지축이고 애교가 많다. 뭘 먹을 때면 불쌍한 표정으로 우리를 바라본다. 우리는 그 모습을 보고 먹이를 준다.

밖에 나가면 풀밭에서 막 뒹굴며 놀아달라고 한다. 그러면 우리는 배를 간지럼 핀다. 그러면 초롱이는 고개를 절래절래 흔들며 좋아서 '킁킁' 소리를 낸다. 진짜로 웃는다. 초롱이는 2013년 4월쯤에 우리 집에 왔다.

(11. 25. 오늘 우산을 쓰고 친구 집에 가는데 바람 때문에 발이 약간 들릴 정도로 바람이 쎄게 불었다.)

아빠가 가져온 외국 돈 백은성 3학년

어제 아빠가 외국 출장을 갔다가 오셨다. 우루과이, 브라질, 아르헨티나 돈을 가져왔다. 아빠가 그 돈이 담긴 봉투를 내놓았다. 우리 집에 있는 다른 나라 돈은 엄청 많다. 다 합쳐서 몇 개냐면 100개도 넘고 엄청 많다.

내가 보니까 브라질 돈은 동그랗고 사람은 눈동자가 없다. 우루과이 돈은 동그랗고 사람은 할아버지랑 비슷하다. 아르헨티나 돈은 동그랗고 사람이 피부가 하얗다.

나는 돈을 나라별로 모아서 가지고 놀았다. 다음에 아빠가 멕시코, 콜롬비아 돈을 가져다준다고 했다. (5. 13)

▶ 때에 따라서는 내 의견을 담아 쓸 수도 있고, 뭔가를 설명하는 글로 쓸 수도 있습니다. 설명과 감상으로 글을 쓸 때도 많을 거예요. 일기의 주인은 아이입니다. 아이가 하고 싶은 이야기를, 아이가 쓰고 싶은 대로 쓰게 해 주세요.

엄마가 날 때렸다 김재연 3학년

오늘같이 엄마가 우락부락 생겼는지 모른다. 엄마가 날 때려서 그럴까?

내가 너무 화나 소리를 지르면서 영화박물관에(방학 숙제) 대해 안 한다고 했다. 그래서 엄만 "이리 와"라고 말했다. 그리고 내 머리를 2방 때리고 내 방을 나갔다. 난 문을 쾅하고 닫고 울었다. 엄마가 하는 말을 다 똑똑히 들었다. "저년이 소리를 지르고 지랄이야."

이 말이었다. 내가 잘못했지만 이년 저년 그러는 건 더 싫었다. 엄마는 때리다가 30분 뒤엔 "기분 풀어~" 그리고 기분 다 풀리지도 않는데 "그럼 다 풀렸지?" 하고 이상하다. 그때가 점심시간이었는데 굉장히 기분이 나빠서 밥을 먹지 않았다. 엄마한텐 밥 먹었다고 하고 말이다. 내가 잘못해서 때린 건 그리 기분 나쁘지 않다. 이년 저년이 듣기 싫었다. 그리고 30분 뒤쯤에 마음이 풀렸다.

정말정말 그땐 배고팠다. (8. 25)

담임선생님의 코멘트 : 선생님이 재연이 일기를 읽으면서 얼마나 웃었는지…. 하루 동안의 피로가 다 풀리는 듯했어요. 그래서 선생님의 생가… '재연이 일기는 선생님의 피로회복제다!' 2학기 때도 기대돼요.

▶ 이 글은 저와 글쓰기 모임을 해 오던 선생님이 가져온 딸의 일기입니다. 자기 입으로 늘 한 대로, 본 대로, 주고받은 말 그대로 써야 한다고 가르쳤는데 막상 아이가 이런 일기를 쓰니까 선생님께 보일 수가 없어서 좀 고쳐 쓰게 딸을 구슬려 보기도 하고, 찢어 버릴까 생각도 했다고 해서 엄청 웃었던 기억이 있습니다. 그런데 다 실패를 하고 일기를 가지고 갔는데 담임 선생님이 이런 코멘트를 달아 주셨다는 거예요. 그렇습니다. 화가 나면 '이놈 저놈'도 나오고, 뭐 더한 말도 나오지요. 우리 사는 일은 집집마다 크게 다르지 않지요. 선생님들도 마찬가지일 거예요. 뿐만 아니라 이런 글을 받아 주는 부모라면 엄청 너그럽다는 걸 알게 될 터이니 선생님은 학생에게도 엄마에게도 마음이 절로 열리시지 않을까요?

아이의 거침없는 표현도 아무 문제없습니다. 다만 제 잘못은 쏙 빼고, 또는 앞뒤 사정을 다 건너뛰어서 너무 억울하다 싶으면 아이 글 아래에 간단한 메모 정도 붙여 보낼 수는 있겠습니다. 아이가 글을 마음껏 쓰는 재미를 알게 하기 위해서라면 이쯤은 괜찮지 않을까요?

일기에 '오늘, 나는'은 쓰면 안 될까요? 꼭 그런 것은 아닙니다. 다른 날과 다른 특별한 날, 내 생일인 오늘, 수능 시험이 있어서 늦게 학교에 간 오늘이라면 오늘을 강조하여 쓸 수 있습니다. 다른 사람이 아닌 '나'를 강조하기 위해서는 '나는'을 안 쓸 수가 없습니다. 단지 습관적으로 "나는 오늘"로 시작한다면 좀 더 자세히 쓸 수 있게 도와주면 됩니다.

"나는 오늘 학교에서 뛰다가 선생님에게 걸려 혼이 났다."

하고 썼다면 이렇게 물어볼 수 있습니다.

"오늘 언제 있었던 일이야?"

"아하, 2교시 쉬는 시간에 있었던 일이구나."

"학교 어디에서 이 일이 있었던 거야?"

"복도였구나."

"그럼 이렇게 쓰면 더 좋겠네."

'오늘 2교시 쉬는 시간에 복도에서 뛰다가 선생님에게 걸려 혼이 났다.'

"어때? 괜찮지?"

정도 얘기해 주면 됩니다.

최고의 글쓰기(일기) 선생님은 아이와 가장 가까이 있는 부모입니다. 부모보다 아이의 삶을 더 넓고 깊게 함께할 수 있는 사람이 누가 있을까요? 아이의 하루를 더 잘 알 수 있는 사람이 누가 있을까요? 글쓰기의 기본만 제대로 알고 있다면 어렵지 않게 내 아이에게 최고의 선생님이 될 수 있습니다. 초등 저학년 때 일기만 즐겁게 쓸 수 있다면 평생 글쓰기 걱정을 안 해도 됩니다.

기억해야 할 것들

- 일기 쓰기로 글자 쓰기, 띄어쓰기, 도덕 교육 들 모든 교육을 다 하려고 하지 마세요.
- 어떤 표현도 다 받아 주세요.
- 공감 더하기 아이의 편이 되어 주세요.
- 늘 쓰는 건 중요합니다. 그러나 날마다 잘 쓸 수는 없어요.
- 일기 쓰는 시간을 먼저 배려해 주세요.

7장

책을 좋아하는 아이로 키우고 싶어요

아이가 책에 푹 빠지게 하는
마법 몇 가지

부모님들을 만나 보면 책에 대한 관심이 어느 때보다 무척 큽니다. 이는 책과 쉽게 가까워지기 어려운 시대를 사는 불안 때문이기도 하고, 독서가 공부머리를 만들어 준다고 말하는 책들의 영향도 큰 것 같습니다. 어찌하든 어려서부터 책과 친해지는 일은 아주 중요합니다. 책과 이미 멀어진 초등 고학년이나 중학생들을 보면 학교에서 권하는 권장도서나, 필독서들을 읽어 내지 못합니다. 내용을 파악하고 상황을 이해하고 등장인물들의 마음에 공감하고 그 작품에서 말하고 있는 의미를 읽어 내야 하는데 글자만 읽으니 그 책이 재미있을 리가 없습니다. 책을 읽고 독후감 쓰기는 엄두도 못 내고 이야기를 나누는 것조차 어려워합니다.

부모님은 아이들이 책을 좋아해서 평생 책을 읽는 사람으로 커 나가길 바랄 겁니다. 바른 인성도 갖게 되고 다양한 세상을 만나고 공부머리도 커지기를 바라겠지요. 책 읽기는 길게 보아야 합니다. 급한 마음을 내려놓고 아이들이 스스로 책 읽기를 즐길 수 있는 방법을 생각해야 합니다.

초등 저학년 친구들의 책 읽기 과정은 복잡하거나 어렵지 않습니다. "책이 재밌어요." 그렇게 말할 수 있으면 됩니다. 하하, 호호 즐겁게 책을 읽고 다음 책을, 또 다음 책을 호기심으로 펼치게 되면 성공입니다. 그렇게 책의 바다에서 행복하게 지내다 자연스럽게 글밥이 좀 더 많은 책으로 넘어갈 수 있으면 충분합니다. 책의 내용을 잘 이해하고 있는지, 독후감을 잘 쓸 수 있는지 이런 걱정은 하지 않으셔도 됩니다. 아이들이 재미있게 읽을 책 목록을 마련해서 꾸준히 읽어 주기만 해도 됩니다.

아이들은 대체로 책 읽기를 아주 좋아합니다. 글쓰기보다 책 읽기를 좋아해서 끝없이 책을 읽어 달라고 하는 친구도 있습니다. 우리가 욕심을 내지 않고 재미난 책들을 읽어만 주어도 아이들은 책의 재미에 푹 빠져듭니다.

1. '읽어 주기'의 마법

가장 먼저 부모님이 가지고 있는 쫓기는 마음, 책의 부담부터 내려놓아야 합니다. '책을 많이 읽어야 하는데, 어떻게 책을 많이 읽게 할까?' 이런 무거운 마음으로 아이들을 보면 절로 "책 좀 읽어라. 책 좀 읽어! 왜 이렇게 놀기만 하니? 너 그러다가는…." 이렇게 목소리가 높아질 수밖에 없습니다. 그러면 아이는 어떨까요? '책은 나를 힘들게 하는 것, 책은 나를 혼나게 하는 것'이라는 생각을 하게 되겠지요. 그런 마음으로 책을 읽으면 책이 좋아질 리 없습니다. 어쩌면 속울음을 삼키면서 책과 마주하고 있을지도 모릅니다.

책을 읽으라고 채근하기 전에 책 읽기의 즐거움을 먼저 알게 해 주어야 합니다. 그 답은 '읽어 주기'에 있습니다. 1, 2학년 친구들은 혼자 책을 읽는 게 쉽지 않습니다. 글자는 다 알지만 모르는 단어와 낯선 상황들이 나오면 문맥을 놓치고 글자만 읽는 형편이 되곤 합니다. 글자를 읽는 것이지 글을 읽는 게 아니지요. 그러니 뒤로 갈수록 집중력도 흥미도 떨어진 채 읽으라고 하니까 책을 붙들고 있을 뿐입니다. 그렇지만 이야기의 내용과 상황을 다 아는 어른이 읽어 주면 거의 다 이해가 됩니다. 거기다가 몇 마디씩 묻고 답하면서 읽는다면 흥미진진하게 이야기를 즐길 수 있지요. 아이가 부담 없이 즐겁게 볼 수 있는 책으로 꾸준히 읽어 주면 됩니다. 책을 읽어 주는 사람이 책의 재미에 흠뻑 빠져 읽어 준다면 그 효과는 배가 됩니다. 그러니까 '아이 덕분에 내가 이렇게 재미난 책도 읽는구나' 하는 마음으로 즐겁게 함께하시면 좋겠습니다.

2. 마음의 문을 열어 주는 재미난 책

저는 책 읽기를 시작할 때 재미난 책부터 읽어 줍니다. 글쓰기 시간에 '똥, 방귀, 코딱지' 같은 글감으로 쓴 글들에 아이들이 마음을 활짝 열고 신나게 글을 쓰듯이 책도 이런 소재의 그림책들을 무척 재미있어합니다. 즐겁게 웃으며 읽다 보면 마음도 환해져서 책 읽어 주는 시간을 기다립니다. 아이들 마음에 딱 들어오는 재미난 책들은 아이들을 책의 세계로 쑤욱 데려갑니다. 또 '책을 말하는 책'을 읽어 주기도 합니다. 책이 얼마나 재미나는지 만나게 해 주는 것이지요.
아이의 마음을 응원하고, 환한 세상을 보여 주는 좋은 책은 많습니다. 아이들은 판타지 세계와 현실 세계를 아주 자연스럽게 넘나듭니다. 아름다운 책, 따뜻한 책, 사랑 가득한 책들을 읽는 기쁨은 그 무엇과도 견줄 수 없는 행복입니다. 머리를 맞대고 책을 읽어 주는 시간, 아이들은 이야기 속으로 푸욱 빠져듭니다. 그때 아이들의 얼굴은 어느 때보다도 평화롭고 눈빛은 초롱초롱해집니다.

똥, 방귀, 코딱지에 관한 책

강아지똥 | 권정생(글) 정승각(그림) | 길벗어린이

누가 내 머리에 똥 쌌어? | 베르너 홀츠바르트(글) 볼프 에를브루흐 (그림) | 사계절

똥벼락 | 김회경(글) 조혜란(그림) | 사계절

똥은 참 대단해! | 허은미(글) 김병호(그림) | 웅진주니어

똥 밟을 확률 | 안느 장부아(글) 장 마르크 마티스(그림) | 뜀뜀

똥자루 굴러간다 | 김윤정 | 국민서관

방귀 잘 뀌는 며느리 | 엄기원 | 국민서관

방귀대장 조 | 캐슬린 크럴, 폴 브루어(글) 보리스 쿨리코프(그림) | 다산기획

코딱지 코지 1~3 | 허정윤 | 주니어RHK

진짜 코 파는 이야기 | 이갑규 | 책읽는곰

머리가 좋아지는 약 | 히라타 아키코(글) 다카바타케 준(그림) | 북뱅크

책을 말하는 책

책 읽는 두꺼비 | 클로드 부종 | 비룡소

아름다운 책 | 클로드 부종 | 비룡소

난 무서운 늑대라구! | 베키 블룸(글) 파스칼 비에(그림) | 고슴도치
브루노를 위한 책 | 니콜라우스 하이델바흐 | 풀빛
도서관 | 사라 스튜어트(글) 데이비드 스몰(그림) | 시공주니어
책 먹는 여우 | 프란치스카 비어만 | 주니어김영사
도서관 생쥐 1~5 | 다니엘 커크 | 푸른날개
그래, 책이야! | 레인 스미스 | 문학동네
와작와작 꿀꺽 책 먹는 아이 | 올리버 제퍼스 | 주니어김영사

재미난 책

안 돼! | 마르타 알테스 | 북극곰
짖어봐 조지야 | 줄스 파이퍼 | 보림
파리의 휴가 | 구스티 | 바람의아이들
도깨비를 빨아버린 우리 엄마 | 사토 와키코 | 한림출판사
낮잠 자는 집 | 오드리 우드(글) 돈 우드(그림) | 보림
하하하 장난이야 | 션 테일러(글) 댄 위도우슨(그림) | 북극곰
아빠! 머리 묶어 주세요 | 유진희 | 한울림어린이
도도, 싹둑! | 고아영 | 사계절
고구마구마 | 사이다 | 반달
오줌이 찔끔 | 요시타케 신스케 | 위즈덤하우스
뭐든 될 수 있어 | 요시타케 신스케 | 위즈덤하우스
괜찮아 아저씨 | 김경희 | 비룡소
여우랑 줄넘기 | 아만 기미코(글) 사카이 고마코(그림) | 북뱅크
밀리의 특별한 모자 | 기타무라 사토시 | 베틀북
이까짓 거! | 박현주 | 이야기꽃
고양이 피터 : 난 좋아 내 하얀 운동화 | 에릭 리트윈(글) 제임스 딘(그림) | 상상의힘
문제가 생겼어요 | 이보나 흐미엘레프스카 | 논장

3. 아름답고 행복한 그림책

글쓰기와 마찬가지로 책 읽기도 부담 없이 즐기면서 읽는 재미를 알아 가는 게 좋습니다. 그런 면에서 초등 저학년 친구들에겐 그림책이 아주 좋습니다. 그림책을 싫어하는 아이는 없습니다. 그림책은 아이들 앞에 넓은 도화지나 운동장을 펼쳐 놓은 것과 같습니다. 재미난 이야기에 풍성하고 아름다운 그림을 보면서 상상을 자유롭게 펼칠 수 있고, 자신의 이야기도 펼쳐 낼 수 있는 정말 아름다운 책입니다. 아이가 초등학생이 되었으니까 이제 그림책보다는 동화책을 읽어야 한다고 생각하는 부모님도 있습니다. 정말 그럴까요? 그림책이 얼마나 아름다운 책인지 알게 되면 생각이 달라지실 거예요.

'그림책은 0세부터 100세까지 읽는 책이다'라고 말합니다. 그만큼 아름답고 풍부한 세상을 담고 있습니다. 글과 그림이 함께 가며 글이 할 수 있는 역할과 그림이 할 수 있는 역할을 나누어 이야기하기도 하고 함께 손잡고 가기도 하고 엉뚱하게 보여 주어 더욱 재미나게도 합니다. 《그림책은 작은 미술관》이라는 책도 있습니다. 책 제목처럼 다양한 재료와 기법으로 그린 훌륭한 세계 유명 작가들의 그림을 안방에서 손쉽게 즐길 수 있는 거예요.

그림책은 버려지는 공간이 하나도 없는 책입니다. 책을 읽어 주기 전 앞표지와 제목을 보고 어떤 이야기일까 얘기 나누고 뒤표지까지 쫙 펼쳐 보십시오. 앞뒤 표지가 한 장의 그림으로 이어질 때도 많습니다. 어떤 책은 앞표지는 앞모습, 뒤표지는 뒷모습을 보여 주기도 하고요. 제목의 글씨도 그 이야기에 맞는 글씨체로 가장 적절한 자리에 놓여 있는 걸 볼 수 있습니다. 표지를 넘기면 나오는 종이를 면지라고 하는데, 그 면지도 이야기를 담고 있는 경우가 많습니다. 《리디아의 정원》은 앞면지에서 리디아가 도시에 사는 외삼촌 집으로 가기 전까지 어떻게 지냈는가를 그림으로 보여 줍니다. 뒷면지에는 집으로 돌아온 리디아가 어떻게 지낼지를 한눈에 보여 줍니다. 그림이 없을 때도 면지의 색깔로 이야기의 분위기를 담아냅니다.

책의 판형도 다양합니다. 가로로 긴 책, 세로로 긴 책, 가로 세로가 비슷한 책. 요즘은 다양한 형태의 아름다운 그림책들이 쏟아져 나오고 있습니다. 풍성한 그림책의 세계에 빠지면 어른들이 더 즐기게 될 책이 바로 그림책입니다. 글자가 몇 안 된다고 아이들에게 그림책을 뺏는 건 너무나 안타까운 일입니다. 글밥 많은 책을 읽으라는 채근이 목에 걸린 가시처럼 아이들을 힘들게 한다는 사실도 꼭 기억하시기 바랍니다.

그림책의 특징과 아름다움을 보여 주기 좋은 책

고양순 | 심미아 | 보림

어처구니 이야기 | 박연철 | 비룡소

선 | 이수지 | 비룡소

파도야, 놀자 | 이수지 | 비룡소

민들레는 민들레 | 김장성(글) 오현경(그림) | 이야기꽃

도둑을 잡아라 | 박정섭 | 시공주니어

리디아의 정원 | 사라 스튜어트(글) 데이비드 스몰(그림) | 시공주니어

사과와 나비 | 옐라 마리, 엔조 마리 | 보림

눈 오는 날 | 에즈라 잭 키츠 | 비룡소

엄마 마중 | 이태준(글) 김동성(그림) | 보림

넉 점 반 | 윤석중(글) 이영경(그림) | 창비

나는 기다립니다 | 다비드 칼리(글) 세르주 블로크(그림) | 문학동네

점 | 피터 레이놀즈 | 문학동네

로지의 산책 | 팻 허친스 | 봄볕

엄마의 선물 | 김윤정 | 윤에디션

나, 꽃으로 태어났어 | 엠마 줄리아니 | 비룡소

이 작은 책을 펼쳐 봐 | 제시 클라우스마이어(글) 이수지(그림) | 비룡소

불새 | 샤를로트 가스토 | 보림

백조의 호수 | 샤를로트 가스토 | 보림

이상한 나라의 앨리스(팝업북) | 로버트 사부다(글) 루이스 캐럴(원작)
존 테니엘(그림) | 넥서스주니어

리본 | 아드리앵 파를랑주 | 보림

빨강부리의 대횡단 | 아가트 드무아, 뱅상 고도 | 보림

4. 어떻게 읽어 주는 게 좋을까요?

아이와 책을 볼 때는 겉표지부터 읽어 나가는 게 좋습니다. 제목과 표지 그림을 보며 "어떤 내용일까?" 아이의 생각을 물어보세요. 놀라운 대답들이 나올 거예요. 정말 그런 내용일까 호기심을 가지고, 작가는 누군지 어느 출판사인지 살피면서 "아, 지난번 읽었던 그 책 작가구나. 그 책 나왔던 출판사네." 정도의 이야기도 나누어 주세요. 아이가 앞으로 책을 고를 때 많은 도움이 될 것입니다.

어떻게 읽어 주는 게 좋을까요? 굳이 동화 구연하는 것처럼 읽어 줄 필요는 없습니다. 그렇게 읽어 주면 아이는 책 내용보다 엄마나 아빠의 연기에 더 신경을 쓸 수도 있고, 무엇보다 읽어 주는 데 에너지가 많이 들어서 꾸준히 책을 읽어 주기 어렵습니다. 이 말은 할머니가 하는 말이고, 이 말은 할아버지가 하는 말이고, 이건 늑대가 하는 말이지 마음속으로 생각하며 읽어 주는 걸로 충분합니다.

책을 읽다 보면 설명을 해 주고 싶거나 아이가 잘 알고 있나 싶어 질문을 던지고 싶은데 아이는 빨리 읽어 달라고 책장을 넘길 때도 있고, 아이가 자꾸 "이건 뭐야?" 하고 책 읽는 걸 끊는 경우도 있을 거예요. 그때는 대부분 아이가 원하는 대로 따라

가면 됩니다. 그렇지만 이야기를 읽다 보면 잠시 멈춰서 아이에게 질문을 던져 주면 좋을 때가 있습니다. 다음 장면이 궁금해지는 곳, 아이의 생각을 들어 보고 싶은 곳에서는 "다음은 뭘까? 어떻게 될 것 같아? 왜 그럴까?" 이런 질문을 던져 주는 것도 좋아요.

《책 읽는 두꺼비》로 예를 들어 볼까요?

앞표지를 보면서 "이 사람은 왜 두꺼비를 머리 위에 올려놓고 빨간 끈으로 묶어 놓았을까?" 묻습니다. 별의별 재미난 대답들이 나옵니다. 모두 재밌다고, 훌륭하다고 칭찬을 해 줍니다.

책 읽기를 무척 좋아하는 두꺼비, 책 읽는 두꺼비를 덥석덥석 데려다가 머리에 올려놓고 마지막 마법 약의 양념인 두꺼비 침을 뱉게 하는 마녀. 두꺼비는 못 참고 연못으로 도망칩니다. 그러자 다음 날, 마녀는 덫을 만들어 가지고 가요. 그다음 장면에 덫이 나오는데 그걸 손으로 가리면서 묻습니다. "과연 덫에는 뭘 넣어서 갔을까?" 하고요. 맞습니다. 책이었습니다. 마녀도 아주 멍청하지는 않지요?

다음, 마법 약 만드는 법을 잊어버려서 쩔쩔매는 마녀에게 두꺼비는 말합니다. "자, 자, 괜찮아요. 다 방법이 있어요." 하고. 이때도 묻습니다. "두꺼비는 정말 무슨 수가 있을까?" 그래요. 마녀가 읽지 못하게 다락방에 숨겨 놓은 책들 속에 마법 약을 만드는 비법들이 다 있습니다.

두꺼비에게 안경까지 사다 주며 책 읽는 걸 응원해 주는 마녀와 책을 마음껏 읽으면서 행복해하는 두꺼비를 보며 한마디 던질 수도 있지요. "야, 마녀가 이제 책이 얼마나 좋은 것인가를 알았구나!"

이렇게 이야기도 흥미진진하고, 그림도 재밌는 책들은 많고 많습니다. 우리 아이들을 책의 세계로 안내해 줄 좋은 책들이 많다는 게 얼마나 다행인가요. 그 많은 책 가운데 몇몇 책들을 소개해 보겠습니다.

이야기도 그림도 재미난 그림책

슈퍼 거북 | 유설화 | 책읽는곰
슈퍼 토끼 | 유설화 | 책읽는곰
수박 수영장 | 안녕달 | 창비
할머니의 여름휴가 | 안녕달 | 창비
눈물 바다 | 서현 | 사계절
간질간질 | 서현 | 사계절
망태 할아버지가 온다 | 박연철 | 시공주니어
구름빵 | 백희나 | 한솔수북
장수탕 선녀님 | 백희나 | 책읽는곰
별 낚시 | 김상근 | 사계절
두더지의 소원 | 김상근 | 사계절

세상에서 가장 아름다운 달걀 | 헬메 하이네 | 시공주니어

치마를 입어야지 아멜리아 블루머 | 섀너 코리(글) 체슬리 맥라렌(그림) | 아이세움

완벽한 아이 팔아요 | 미카엘 에스코피에(글) 마티외 모데(그림) | 길벗스쿨

모모와 토토 | 김슬기 | 보림

똑, 딱 | 에스텔 비용 스파뉼 | 여유당

토마토 나라에 온 선인장 | 김수경 | 달그림

완두 | 다비드 칼리(글) 세바스티앙 무랭(그림) | 진선아이

완두의 여행 이야기 | 다비드 칼리(글) 세바스티앙 무랭(그림) | 진선아이

선생님은 몬스터! | 피터 브라운 | 사계절

호랑이 씨 숲으로 가다 | 피터 브라운 | 사계절

뒷이야기가 궁금해지는
쫄깃한 긴장감을 즐길 수 있는 책

오싹오싹 팬티! | 에런 레이놀즈(글) 피터 브라운(그림) | 토토북

오싹오싹 당근 | 에런 레이놀즈(글) 피터 브라운(그림) | 토토북

도둑을 잡아라 | 박정섭 | 시공주니어

감기 걸린 물고기 | 박정섭 | 사계절

도서관의 비밀 | 퉁지아 | 그린북

샌드위치 도둑 | 앙드레 마루아(글) 파트릭 두아용(그림) | 이마주

5. 아이가 좋아하는 책

아이마다 좋아하는 책이 다릅니다. 누구는 흥미진진하고 무서운 이야기를 좋아하고, 누구는 재미나고 웃기는 이야기를 좋아하고, 누구는 엉뚱하고 기발한 이야기를 좋아하고, 누구는 과학책을 좋아하지요. 그런데 옛이야기 그림책을 싫어하는 아이는 거의 없습니다. 가능하면 아이가 읽고 싶어 하는 책을 읽게 하는 게 맞습니다. 아이가 직접 고른 책을 읽어 주어야 빨리 읽고 싶은 마음이 생기고 집중하는 힘도 크기 때문입니다. 아이들이 책을 고를 때 처음에는 대부분 제목과 표지 그림을 보고 선택합니다. 그런데 한두 번 책을 고르다 보면 제목만 재밌어 보이고 재미없는 책도 많다는 것을 알게 됩니다. 그러면서 책을 고르는 안목도 키워 가게 됩니다. 아이가 고른 책을 재미있어한다면 그 책의 꼬리를 잡아 그 작가가 쓴 다른 책, 그 출판사의 시리즈 책들로 범위를 넓혀 갈 수 있습니다.

좋아하는 책만 읽어서 걱정이라는 이야기도 많이들 하세요. 특히나 그림책이나 동화책만 읽어서 걱정이라고. 아이들이 책을 읽고 얻었으면 하는 것들이 무엇일지 한번 생각해 봅니다. 어휘력, 상상력, 이해력, 사고력, 표현력은 물론이고 창의력과 공감 능력, 통찰력 들이 자라기를 바랄 거예요. 책은 이런 힘들을 키워 주고 영혼이 멋진 아이로 자라게 합니다. 남을 이해하고 배려하는 힘뿐만 아니라 어떤 상황에서 이렇게 해야겠구나 하는 분별력도 커집니다. 살아가는 바른 이치를 자연스럽게 알아 가는 것이지요. 여기에 저는 재미난 이야기에 푸욱 빠지는 몰입의 행복도 더하고 싶습니다. 이런 독서력을 키우기에는 어떤 책이 좋을까요? 그림책과 옛이야기, 동화 같은 아름다운 문학은 아이들의 정서와 마음을 다독여 주고 성장시켜 줍니다. 편안하게 재밌다, 재밌다 하며 아이와 동화책 중심으로 읽어 나가면 됩니다. 아래 글을 쓴 서진이처럼 좋아하는 책을 끝없이 꼽을 수 있다면, 그것만으로도 충분하지 않을까요?

재밌는 책 이서진 2학년

망태할아버지가 온다, 어처구니 이야기, 아홉 살 첫사랑, 밀리의 특별한 모자, 도서관 생쥐 4, 있으려나 서점, 이게 정말 나일까, 구름빵, 왜 띄어 써야 돼, 왜 맞춤법에 맞게 써야 돼, 장수탕 선녀님, 알사탕, 달샤베트, 이상한 엄마, 삐약이 엄마, 콧구멍을 후비면, 아홉 살 마음 사전, 휠휠 날아간다, 도깨비를 빨아버린 우리 엄마, 도깨비를 다시 빨아버린 우리 엄마, 세상에서 가장 아름다운 달걀, 찰리와 초콜릿 공장, 도도 싹뚝, 여우랑 줄넘기, 안돼!, 파리의 휴가, 플라스틱 섬, 구리와 구라의 빵 만들기, 수박 수

영장, 할머니의 여름휴가.

이 책들은 서진이의 마을에서 베스트셀러들이다. 가장 베스트셀러인 책은, 백희나의 책이랑 요시타케 신스케의 책이다. 왜 띄어 써야 해와 왜 맞춤법에 맞게 써야 해는 2등상을 받았다. 이건 방금 전에 벌어진 일이다.

(7. 23. 땀이 물로 내리는 날)

6. 독서력을 키우는 책 읽기

아이들이 좋아하는 작가가 생기고 그 작가들의 작품을 모아서 읽는 재미만 알아도 책에 대한 관심이 크게 달라집니다. 독서의 주체로 우뚝 서는 느낌이 듭니다.

제가 만나는 친구들이 좋아하는 작가들을 살펴보겠습니다. 우리나라 작가 중에는 《구름빵》《장수탕 할머니》의 백희나, 《눈물바다》《간질간질》의 서현, 《수박 수영장》《할머니의 여름휴가》의 안녕달, 《망태 할아버지가 온다》《어처구니 이야기》의 박연철, 《도둑을 잡아라》《감기 걸린 물고기》의 박정섭이 있습니다. 그 밖에도 《강아지똥》《오소리네 집 꽃밭》의 권정생, 《파도야, 놀자》《선》의 이수지, 《두더지의 고민》《별낚시》의 김상근,《슈퍼 거북》《슈퍼 토끼》의 유설화… 다 헤아릴 수 없습니다. 뿐만 아니라 요즘 우리나라 그림책 시장이 넓고 깊어져서 눈부신 신예 작가들의 작품들도 쏟아져 나오고 있습니다.

외국 작가로는 요시타케 신스케 인기가 단연 최고입니다. 아이마다 좋아하는 책 종류가 다른데, 요시타케 신스케와《이상한 과자가게 전천당》을 싫어하는 아이는 거의 없었습니다.《도깨비를 빨아버린 우리 엄마》의 사토 와키코의 책들도 재미있어 합니다.

물론 제가 좋아해서 보여 주는 작가 책도 있지요.《책 읽는 두꺼비》《아름다운 책》의 클로드 부종, 자신의 어린 시절 이야기를 하나하나 그림책으로 만들고 있는《고맙습니다, 선생님》의 작가 패트리샤 폴라코도 그중 한 사람입니다.

그 밖에 아이들의 열렬한 사랑을 받아 고전이 된 작품을 쓰고 그린 외국 작가들은 하나하나 언급할 수도 없을 만큼 많습니다.《지각대장 존》의 존 버닝햄,《당나귀 실베스터와 요술 조약돌》의 윌리엄 스타이그,《고릴라》《돼지책》의 앤서니 브라운, 마녀 위니 시리즈의 코키 폴, 개구리와 두꺼비 시리즈의 아놀드 로벨, 씩씩한 마들린느 시리즈의 루드비히 베멀먼즈 책들도 아이들이 엄청 좋아합니다.

저는 아이들에게 인기 있는 작가의 책들은 작가별로 책장을 만들어 놓았습니다. 그리고 작가들의 신간이 나오면 "○○ 작가의 신간이 나왔더라. 이 책도 살까?" 묻습니다. 아이들은 당연히 "네, 사요!" 대답합니다.

그림책보다 글밥이 많은 동화책으로는 송언 작가의 《멋지다 썩은 떡》《잘한다 오광명》《황 반장 똥 반장 연애 반장》 같은 교실 이야기와 여러 어린이책 출판사에서 나온 저학년 동화 가운데서 아이들의 취향을 살펴서 권해 줍니다.

시리즈로 이어지는 책들도 아이들에게 책 읽는 재미를 붙여 주기에 좋습니다. 아이들이 즐겁게 읽는 시리즈 책들을 보면, 《고 녀석 맛있겠다》(1~12), 《가부와 메이》(1~7), 《만복이네 떡집》《장군이네 떡집》《소원 떡집》, 《도서관 생쥐》(1~5), 《코 딱지 코지》(1~3), 《밤티마을》 시리즈, 《엉덩이 탐정》 시리즈, 《나무집》 시리즈, 《이상한 과자가게 전천당》 시리즈 들이 있습니다.

시리즈 책들은 한자리에서 한꺼번에 읽게 하기보다는 한 주에 두어 권씩 주어서 다음 이야기를 기대하고 기다려서 읽게 하는 것이 더 좋습니다. 푹 빠져 시리즈 책들을 한 권 한 권 읽어 가다 보면 아이들의 책 읽는 힘이 훌쩍 커집니다. 이제 두꺼운 책도 재미있다는 걸 알게 되어 글밥 많은 책도 두려워하지 않게 됩니다.

아이들이 재밌게 읽는 동화책

여우의 전화박스 | 도다 가즈요(글) 다카스 가즈미(그림) | 크레용하우스

아기 여우와 털장갑 | 니이미 난키치(글) 구로이 겐(그림) | 한림출판사

엄마의 의자 | 베라 B. 윌리엄스 | 시공주니어

우리들의 흥겨운 밴드 | 베라 B. 윌리엄스 | 느림보

내게 아주 특별한 선물 | 베라 B. 윌리엄스 | 느림보

사소한 소원만 들어주는 두꺼비 | 전금자 | 비룡소

나도 편식할 거야 | 유은실(글) 설은영(그림) | 사계절

나도 예민할 거야 | 유은실(글) 김유대(그림) | 사계절

화요일의 두꺼비 | 러셀 에릭슨(글) 김종도(그림) | 사계절

마법의 설탕 두 조각 | 미하엘 엔데 | 한길사

한밤중 달빛 식당 | 이분희(글) 윤태규(그림) | 비룡소

당나귀 실베스터와 요술 조약돌 | 윌리엄 스타이그 | 다산기획

만복이네 떡집 | 장군네 떡집 | 소원 떡집 | 김리리(글) 이승현(그림) |
비룡소

엄마 사용법 | 김성진(글) 김중석(그림) | 창비

가정 통신문 소동 | 송미경(글) 황K(그림) | 스콜라(위즈덤하우스)

언제나 칭찬 | 류호선(글) 박정섭(그림) | 사계절

심술쟁이 버럭영감 | 강정연(글) 김령언(그림) | 비룡소

화해하기 보고서 | 심윤경(글) 윤정주(그림) | 사계절

쿵푸 아니고 똥푸 | 차영아(글) 한지선(그림) | 문학동네

뺑이요, 뺑 | 김리리(글) 오정택(그림) | 문학동네

삼백이의 칠일장 1, 2 | 천효정(글) 최미란(그림) | 문학동네

꼬리 잘린 생쥐 | 권영품(글) 이광익(그림) | 창비

고양이 해결사 깜냥 1, 2 | 홍민정(글) 김재희(그림) | 창비

가방 들어주는 아이 | 고정욱(글) 백남원(그림) | 사계절

까막눈 삼디기 | 원유순(글) 이현미(그림) | 웅진주니어

멋지다 썩은 떡 | 송언(글) 윤정주(그림) | 문학동네

잘한다 오광명 | 송언(글) 윤정주(그림) | 문학동네

황 반장 똥 반장 연애 반장 | 송언(글) 윤정주(그림) | 문학동네

딱 걸렸다 임진수 | 송언(글) 윤정주(그림) | 문학동네

대단하다 덜렁공주 | 송언(글) 윤정주(그림) | 문학동네

마법사 똥맨 | 송언(글) 김유대(그림) | 창비

이상한 과자 가게 전천당 | 히로시마 레이코(글) 쟈쟈(그림) | 길벗스쿨

7. 아이의 책장

아이가 좋아하는 책으로 책장을 채워 보라는 말씀도 드리고
싶습니다. 도서관에서 빌려 읽어도 아이가 정말 좋아하는 책은
사서 아이의 책장에 한 권 한 권 꽂아 주는 거지요. 어렸을 때
봤던 책들도 아이가 좋아했던 책은 버리거나 남에게 주지 말
고 남겨 두세요. 아이의 책장을 보면 아이의 독서 이력을 한눈
에 알 수 있습니다. 요즘에는 해야 하는 게 많아서 아이들이 책

을 읽고 조금만 지나면 그 책을 읽었나 가물가물해합니다. 좋아하는 책을 책장에 두고 제목만 훑어보고 지내도 일는 세 적지 않을 것입니다. 뿐만 아니라 어느 날 문득 눈에 들어오는 책을 다시 뽑아 읽으며 예전에 깨닫지 못했던 것을 알아 가며 독서의 재미를 새록새록 느끼기도 합니다. 또, 어린 시절 재밌게 읽었던 그 추억은 탈출구 없는 공부 스트레스에서 짧은 순간에 깊은 평온으로 데려다주기도 합니다.

8. 독후감 쓰기

책을 읽고 독후감을 쓰거나 독후 활동을 꼭 해야 할까요? 저학년 때는 책을 즐겨 읽는 게 가장 중요합니다. 독후감 쓰기는 숙제로 해야 할 경우에 서로 마음을 다잡고 해 보는 게 좋습니다. 독후감을 매번 써야 한다면 아이들은 책과도 멀어지게 되고 또한 책을 읽을 수 있는 시간도 많이 뺏길 수밖에 없습니다.
독후감은 어떻게 써야 한다는 공식이 있는 게 아닙니다. 그래서 더 어려울 수 있습니다. 꼭 길게 써야 하는 것도 아니고, 책을 읽고 뭐가 재밌었나, 어떤 장면이 좋았나, 주인공을 만난다면 뭐라 말해 주고 싶은가 이런 것들을 생각해 보며 쓰고 싶은 만큼 쓰면 됩니다. 아이들이 쓴 독후감을 보면서 더 살펴보겠습니다.

(1) 말로 쓰는 독후감

《노란 양동이》유시안 2학년

양동이가 없는 이여돌에게 누군가가 일주일 동안 가지고 놀으라고 가져다주었고, 그 주인은 달님인 것 같아요. 꿈에서도 노란 달님한테 날아갔잖아요. 노란 양동이의 주인은 달님이었을 수 있어요.

이 세상에서 노란 양동이가 사라지는 것도 아니고, 다른 주인이 잘 갖고 놀면 되니까 괜찮아요. (6. 8)

《민들레는 민들레》유시안 2학년

자기가 잘 하는 게 한 개씩은 있어요.

다른 애랑 똑같지 않으니까, 다른 애를 부러워하지 말고 자기를 존중하고 자기를 부러워해야 돼요. 그리고 대견하다고 생각해요.

앞으로 어떤 사람이 자랑을 해도 자기도 자랑이 있다고 말해요. 이 이야기는 자기도 꽃처럼 '나'다, 라고 말하고 있어요.

▶ 책을 읽어 주고, 또는 아이가 스스로 읽은 후, "재미있었어?" 하고 말을 건네세요. 그리고 아이가 하는 말에 귀 기울여 보세요. 아이 말에 "아, 그랬구나. 그랬어?" 이렇게 맞장구를 쳐 주며 아이의 소감을 받아 적습니다. 아이의 눈으로 보는 순결한 책 이야기를 만날 수 있습니다.

(2) 등장인물에게 전해 주고 싶은 말로

《강아지똥》을 읽고 송주현 1학년

넌 똥이 좋니, 민들레가 좋니?

슬프지 않아도 돼. 넌 더러운 똥이 아니야. 넌 도움이 되잖아. (4. 14)

《지각 대장 존》을 읽고 송주현 1학년

그래 넌 무시무시한 선생님이다. 넌 선생님도 할 자격도 없다. 넌 선생님도 하지 마. 존 너는 사실대로 말했으니깐 존 넌 죄 받지 않을 거야. 넌 참 잘 한 거야. 선생님을 그렇게 가만히 놨더니라서 잘 했어. (10. 20)

〈아기 소나무〉 경유진 2학년

아기 소나무야! 난 네 말을 듣고 너무 감동했어. 왜냐면 "나는 얼른 크고 싶어요. 왜냐면 할아버지, 할머니가 나를 베어서 초가집을 만들라고요."라고 말해서. 그리고 달, 너는 남의 말을 잘 들어줘서 정말 착하구나. (3. 18. 따뜻함)

▶ 책을 읽고 딱 하고 싶은 말만 터트려 놓아도 훌륭합니다. 아이가 이렇게 썼는데 짧아서 아쉽다고요? 그래서 좀 더 쓰게 해 보고 싶어 얘기를 시켜 보고 쓰라 하면 아이는 어떨까요? 독후감 때문에 재밌게 읽었던 책까지 싫어질 확률이 큽니다.

(3) 내 생각을 담아서

《지각 대장 존》을 읽고 한상준 1학년

존 선생님은 너무 존을 싫어하는 것 같다. 왜냐하면 이 세상에서 하수구에 악어가 없다고 했다. 하지만 그게 가짜인 것 같다.

그래도 300번, 400번, 500번 쓰고 외치라고 해서 심하다. 그것도 학교에 혼자 남아서. 혼난다면 회초리로 한 대만 때리면 됐지. 그래서 존이 선생님을 안 내려주었다.

그리고 다른 학교로 갔는지 또 계속 그 학교에 다니는지 책에 자세히 안 나와 있다. 존하고 선생님은 다툼 같은 것밖에 안 하는 것 같다. 우리 선생님은 몇 대만 때리는데. (10. 20)

다행이다(《당나귀 실베스터와 요술 조약돌》을 읽고)

유시안 2학년

당나귀 실베스터가 사자를 딸기언덕에서 만났다. 나는 그
때가 조마조마했다. 바보같이 자기가 바위가 되게 해달라
고 소원을 빌었다. 나였으면 사자를 개미로 바꿔 달라고
했을 것이다.

나는 실베스터가 변해 있을 때 엄마, 아빠보다 실베스터
가 더 힘들었을 것 같다. 봄, 여름, 가을, 겨울 다 실베스터
가 혼자 있어서 외로웠을 것 같다.

엄마, 아빠의 사랑으로 실베스터가 원래대로 돌아왔다.
실베스터가 다시 돌아와서 다행이다.

(11. 15. 단풍이 아름다운 날)

〈놀고 싶어 하지 않는 공주〉 오민경 3학년

놀고 싶어 하지 않는 공주가 있었어요. 아빠와 엄마가 비
싼 장난감을 아무리 사주어도 공주는 놀지 않았어요. 저
는 이해가 되지 않았어요. 바보 같은 공주 같았지요. 나라
면 아마도 신나게 놀았을 거예요. 유모차가 너무 예뻐요.
덮개가 있는 유모차가 나에게도 있었으면 정말 좋겠어요.
내가 생각해봤는데 너무 비싼 것을 너무 많이 받아서 지
겨워서 그런가 봐요.

가난한 집에 사는 애가 대문 앞에 서 있었어요. 공주는 작은 애가 자기밖에 없는 줄 알았는데 있으니까 깜짝 놀랐어요. 작은 애는 나무토막으로 만든 아주 오래된 장난감을 갖고 있었어요. 공주는 그게 자꾸만 갖고 싶어지는 거예요. 그래서 그 친구와 나무토막으로 만든 장난감이랑 신나게 놀았어요. 아빠 엄마가 기뻐했어요. 저도 잘 됐다고 생각했죠.

'공주야, 친구가 있어야지 재미있게 살지 않겠어? 그리고 부탁이 있는데 나랑 같이 놀자. 그리고 예쁜 유모차 빌려 줄 수 있니? 빌려주면 좋겠어. 이 소식을 듣고 우리집에 놀러와! 그 친구와 놀러와! 기다릴게.

▶ 동화를 읽으면서 '나 같으면 이럴 텐데', '에고, 속상해라' '웃겨, 웃겨' 이런 생각이나 느낌들이 스쳐 지나가는 장면이 있겠지요? 그 생각들을 쓸 수 있으면 좋습니다.

"뭐가 재밌었어?"

"뭐가 이상했어?"

"너라면 어떻게 했을 것 같아?"

이런 질문들을 해 주면 되지요.

213

(4) 주인공이나 작가에게 편지 쓰기

《너하고 안 놀아》 친구들에게 박태민 2학년

기동아! 친구들도 사이좋게 지내야 새끼 전차 놀이를 할
수 있지? 기동아! 이제부터 친구들과 사이좋게 지내렴.

영희야, 기동이에게 옥수수 과자를 좀 달라고 하지 그랬
니?

기동이는 어쩜 영희의 마음을 모르니? 너가 영희라고 생
각해 보렴. 얼마나 먹고 싶었겠니? 음식을 혼자만 먹는 것
은 비겁해. 그러니까 돼지 입이 되지.

물딱총을 노마는 얼마나 갖고 싶었을까?

노마야! 사나이는 우는 것이 아니란다. 나는 울면 아빠가
혼냈단다. 사실은 나도 많이 운단다. 좀 부끄럽지만⋯. 하
지만 나도 울지 않으려고 노력하고 있단다. 모두모두 양
보하고 지내렴. (1.16)

▶ 편지 쓰기는 아이들에게는 제일 쓰기 쉬운 독후감입니다.
독후감 쓰기를 어려워한다면 편지 쓰기로 해 보세요.

(5) 나도 그런 적 있어

《하느님의 눈물》에서 〈고추짱아〉를 읽고 윤석현 2학년

고추짱아는 불쌍하다. 왜냐면 어떤 애가 고추짱아의 꼬리를 팍 뜯어 버려서 지푸라기로 꼬리를 만들어서이다. 그날은 진짜 고추짱아의 불행의 날이었나 보다.

나는 그런 것은 아니지만 꼬리에 있는 동그란 구멍에다 얇은 지푸라기를 넣어서 소원을 빌면 소원이 빌어진다고 해서 3번이나 소원을 빌었다. 동생이 다치지 않고 건강하게 해달라고 하였다. 소원이 안 빌어질까봐 3번이나 하였다. 오늘 이 동화를 읽으니 그 생각이 난다. 그때 잠자리한테 좀 미안하다. (2. 27)

《충지 도깨비 달달이와 콤콤이》를 읽고 강영화 1학년

난 은이 씌운 것이 많이 있다. 지금도 은이 2개가 아주 아프다. 그게 막 빠질 것 같다. 그 은이를 쑥 잡아 뺏으면 좋겠다. 달달이와 콤콤이가 썩게 만들었는지도 모르겠다. 인제 이를 건강하게 만들어서 달달이와 콤콤이가 달려들지 않게 해야겠다. (11. 5)

▶ 우리 아이도 이런 비슷한 일이 있었지 싶은 이야기라면 독후감에 그 경험을 담아 쓰면 좋습니다. 체험은 누구에게나 오직 유일한 것이어서 독창적인 글이 될 수 있습니다.

(6) 책이 너무 재미있어서

《망태 할아버지가 온다》 조은찬 2학년

망태 할아버지는 정말 무섭다. 말 안 듣는 아이를 잡아다
혼내준다. 우는 아이는 입을 꿰매버리고, 떼쓰는 아이는
새장 속에 가두어 버리고, 밤늦도록 안 자는 아이는 올빼
미로 만들어 버린다. 그리고 나쁜 아이들한테 도장을 찍
어서 얌전하고, 착한 아이로 만들어 버린다.

책에 나오는 아이도 엄마랑 싸우다가 엄마가 망태 할아버
지한테 잡혀가 버린다. 그리고 친절하게 대해 주어서 엄
마를 안았는데 뒤에 도장이 찍혀져 있었다. 엄마가 착해
진 거다. 난 망태 할아버지가 이제 별로 안 무섭다. 그렇지
만 책 내용이랑 그림이 진짜 재미있었다.

(10. 20. 햇살이 쨍쨍해서 더웠던 날, 선생님은 쌀쌀하다고 했다.)

▶ 초등 저학년들이 읽는 책은 이야기 자체가 재미있는 게 많
습니다. 어떤 교훈이 있다거나 아이들의 경험과 맞닿아 있지
않는 경우가 많습니다. 재미난 이야기에 푹 빠져 읽고 나서 독
후감을 쓰려면 줄거리를 쓰지 않을 수 없습니다. 줄거리를 길
게 쓰면 좋지 않다는 말이 독후감 쓰기를 더 어렵게 할 수도 있
습니다. 줄거리를 간추려서 쓰는 것도 좋은 공부이고, 자기 느

낌과 생각을 자기만의 표현으로 담을 수 있다면 줄거리 중심의 독후감도 충분히 좋습니다.

《여우의 전화박스》를 읽고 장세현 3학년

오늘 글쓰기에서 《여우의 전화박스》를 읽었다. 그런데 너무 슬펐다.

옛날 숲속에 아기여우와 엄마여우가 살았어. 아빠는 아기여우가 태어나자 죽었지. 하지만 엄마여우는 힘을 잃지 않았지.

어느 날 아기여우는 몸이 아프고, 시름시름 앓다가 죽었지. 엄마여우는 며칠을 울다가 산 아래로 내려갔지. 거기는 공중전화박스가 불을 키고 서 있었지. 그런데 갑자기 한 아이가 달려와 공중전화박스 안으로 들어가서, 엄마와 통화를 했지. 그리고 다음 날도 또 다음 날도 아이는 계속 왔지.

그런데 그 공중전화가 고장이 났지. 엄마여우는 그 아이가 실망을 할까봐 공중전화가 되게 해달라고 부탁했지. 갑자기 몸이 길어지면서 공중전화박스가 됐지.

그 아이가 엄마와 통화를 하다가 아이가 "엄마, 나 이제 엄마가 있는 데로 간다"라고 하자 엄마여우는 가슴이 아팠지. 아이가 가자 엄마여우는 숲에 가서 울었지.

나는 엄마여우가 너무 가여워. (7. 22. 일기)

▶ 이 글을 보면 마지막 느낌, "나는 엄마여우가 너무 가여워"
하는 말이 마음 깊은 곳에서 나왔구나 느껴져 읽는 사람한테
까지 안타까움이 전해집니다.
보통 독후감을 얘기할 때 줄거리만 쓰는 건 좋지 않다고 말합
니다. 길이를 늘이기 위해 줄거리를 쓰거나, 어떻게 써야 할지
몰라 줄거리를 쓰는 경우와 이야기가 재미있어서 온전하게 그
이야기를 적어 나가는 것은 다르다고 봅니다.

요즘은 대체로 학교에서 책을 읽고 기록할 수 있는 책자를 만
들어서 학생들에게 주고 있습니다. 읽은 책 제목과 한 줄 소감
쓰는 칸, 다양한 방법의 독후 활동을 하게 짜여 있습니다. 보통
은 책을 읽고 이 책자를 활용하고 숙제로 독후감을 써야 할 때
는 어른 기준의 독후감 쓰기를 내려놓고 아이가 할 수 있는 만
큼만 자기표현을 할 수 있게 도와주세요.
책을 읽고 독후감을 쓰는 것보다 간단하게 해 볼 수 있는 활동
으로는 가장 재미있었던 장면에 스티커를 붙이고 왜 스티커를
붙였는지 짧게 써 보는 방법이 있습니다. 한 장면을 이야기하
고 나서 한 장면을 더 고른다면 어딜까? 아이에게 물어서 두세
장면에 스티커를 붙이고 느낌이나 생각을 적습니다. 이것을 이

어서 쓰면 한 편의 훌륭한 독후감이 될 수도 있습니다.

세상에는 재미나고 아름다운 책이 많고 많습니다. 얼마나 다행인가요. 다시 한번 말씀드리지만 저학년 때는 아이가 책을 좋아하고 재미있게 읽기만 하면 됩니다. 그게 평생 책 읽는 아이로 살아갈 수 있는 바탕이 됩니다. 책 읽기로 무엇을 가르치려고 하지 말고 이야기 세상에 흠뻑 빠져 문학의 아름다움을 경험할 수 있게 도와주세요. 그것만으로 충분합니다.

말하는 대로 글이 되는 우리 아이 첫 글쓰기

1판 1쇄 발행 2020년 12월 21일

글쓴이 | 나명희
펴낸이 | 조재은
편집부 | 김명옥 김원영 육수정
영업관리부 | 조희정 정영주

펴낸곳 | (주)양철북출판사
등록 | 2001년 11월 21일 제25100-2002-380호
주소 | 서울시 마포구 양화로8길 17-9
전화 | 02-335-6407   팩스 | 0505-335-6408
전자우편 | tindrum@tindrum.co.kr
ISBN 978-89-6372-340-2 03370 | 값 13,000원

편집 | 이혜숙   디자인 | SUN